Erika Katharina Hermann

IM GLANZ DES LICHTES

Gebete, Gedichte, Texte einer neuen Zeit

novum pro

| Bibliografische Information der Deutschen Nationalbibliothek: | © 2024 novum Verlag |

Die Deutsche Nationalbibliothek verzeichnet diese Publikation in der Deutschen Nationalbibliografie. Detaillierte bibliografische Daten sind im Internet über http://www.d-nb.de abrufbar.

Alle Rechte der Verbreitung, auch durch Film, Funk und Fernsehen, fotomechanische Wiedergabe, Tonträger, elektronische Datenträger und auszugsweisen Nachdruck, sind vorbehalten.

Gedruckt in der Europäischen Union auf umweltfreundlichem, chlor- und säurefrei gebleichtem Papier.

ISBN 978-3-7116-0113-1
Lektorat: Clarissa Seiferheldt
Umschlagfoto:
Sebast1an | Dreamstime.com
Umschlaggestaltung, Layout & Satz:
novum Verlag
Innenabbildungen:
Seite 55:
© Cammeraydave | Dreamstime
Seite 97:
© Jayan Madhujeewa | Dreamstime

www.novumverlag.com

Widmung

Dieses Buch widme ich allen Menschen, die ihr Leben der Liebe, dem Frieden und einer höheren Macht hingeben.

***

Die sich im Vertrauen der geistigen Welt wiegen und die Sprache des Herzens verstehen.

***

Aber auch all jenen, die auf Entdeckungsreise gehen, um das Leben aus einer anderen Perspektive wahrzunehmen.

***

Vor allem ist es auch an alle Menschen gerichtet, die mich mental unterstützt und mir mit Rat und Tat zur Seite gestanden haben. An dieser Stelle ein herzliches Dankeschön an meine Familie, meinen Mann Johann, sowie meine Kinder Julia und Laura, die mir die Zeit hierfür eingeräumt haben. Ebenfalls an meinen engsten Freundeskreis, Tanja Maurus, Yogalehrerin Anita Arentz, Claudia Kloos, Marianne Röhrig und Elke Wagner. Ein Danke gewährt auch all jenen, die ich hier nicht erwähnt habe, die ebenfalls an mich geglaubt haben.

Inhaltsverzeichnis

Im Glanz des Lichtes 11
Die Pforte 19
Göttliche Macht 20
Tief in uns! 21
Mit nichts gekommen 22
Menschliche Wesen 23
Spuren im Sand 24
Glück des Himmels 25
Lieblicher Engel 26
Dein Seelenplan 27
Der Schleier 28
Lichtbringer 29
DU BIST 30
Was wäre, wenn? 31
DIE SUCHE 33
DIE LIEBE 34
Selbstliebe 35
Frieden und Liebe 36
Schönste Zeit 37
Heilung 40
Was dein Herz spricht 41
EURE GEDANKEN 42
Seelengewand 44
Ein jeder Mensch 45
Sag WO? 47
Von unschätzbarem Wert! 48
Engel auf Reisen 49
Im Glanz des Lichtes 50
Im Jenseits 54
Freiheit, Freiheit grenzenlos! 55

Das Leben, ein Wandel	56
Neue Generation	57
Feuer	58
Auf der Suche nach dem WARUM!	59
Schöpfer deiner Möglichkeiten	63
Des Vogels Flügel	64
Trommelklänge	65
Das Leben	66
Die Wellen	69
Die KRAFT der EMPATHEN!	70
Der Sinn des Lebens	72
Die Stimme	75
Digitale Welt	76
Kleine Seelen	77
Der Rucksack	78
Goldenes Nest	79
Mantrasinger, Friedensbringer!	80
Die Reise	81
Geliebtes Kind	82
Das Band der Ehe	83
LIEBE ist vielmehr	84
Warum halten wir daran fest?	85
Bist du bereit?	87
Neue Zeit	89
Der Traum	90
Das Goldene Zeitalter	91
Das innere Kind	92
Transzendente Welt	94
Im Traum versunken	96
Gemeinsame Zeit	98
Starke Frau	99
ENGEL in menschlicher Gestalt	100
Das Erwachen	101
Das Gebet	102

Das Kind in mir	103
Töchter Gottes	104
Die Welt	105
Geistige Welt	106
Vom Winde verweht	107
Reinigung	108
DANKBARKEIT	109

Im Glanz des Lichtes

Nichts wird mehr sein, wie es einmal war!
Dieser Gedanke, war mein Resümee nach einem Erlebnis, das ich an jenem besonderen Morgen hatte. Bevor ich allerdings mit meiner Geschichte beginne, bitte ich Sie, liebe Leser, einen kurzen Moment innezuhalten und über folgende Frage nachzudenken. Welches Ereignis, hat Sie jemals so überwältigt, dass sie tiefsten Frieden und Liebe erfahren haben?
Ich stelle Ihnen diese Frage bewusst, denn ich möchte, dass Sie sich erinnern, und zwar an jenen Augenblick, der mit dem Verstand niemals begreiflich, sondern nur mit dem Herzen fühlbar ist. Es ist schwer in Worte zu fassen, wie man solch einer Erfahrung Ausdruck verleihen kann, dennoch begebe ich mich sehr gern auf die Reise meiner ganz besonderen Erfahrung. Dabei ist das Licht stets der ausschlaggebende Faktor für mich gewesen. In unserem Leben spiegelt es sich als Tag wider, in der Spiritualität hingegen als die Ewigkeit. Genau darum geht es in meiner Geschichte, um das ewige Licht und die wahrhaftige Liebe.

Mein Abenteuer begann mit dem Besuch eines Yogakurses vor circa vier bis fünf Jahren. Ich war von der ersten Stunde an sofort begeistert. Bis heute betreibe ich Yoga und kann es nur jedem empfehlen, denn es ist ein umfangreiches Paket, welches Körper, Seele und Geist beinhaltet. Da ich mit großem Eifer dabei war und es mir unglaublich viel Freude bereitete, wollte ich etwas tiefer in die Thematik einsteigen. Ich las Bücher darüber und informierte mich mehr denn je über Spiritualität. Circa ein halbes Jahr später geschah folgendes Ereignis, woran ich niemals geglaubt hätte. Dieses ist wohl mitunter auf meine Yogalehrerin Anita Arentz zurückzuführen, die mir bei einem Besuch, durch das Auflegen ihrer Hand, mein Drittes Auge öffnete. Was auch immer geschah, beziehungsweise wie es geschah, ist mir bis heute ein Rätsel. Die einzige Erklärung, die sich mir bot, ist, dass unsere Wege sich kreuzen sollten, weil es sich unsere Seelen so ausgesucht hatten. Bis heute haben wir ein sehr vertrautes und freundschaftliches Verhältnis, das ich sehr zu schätzen weiß. An dieser Stelle ein Dankeschön dafür. Nun aber zu meiner Geschichte:

An einem frühen Samstagmorgen wachte ich auf und empfing Licht in meinem Herzen. Es durchströmte meinen ganzen Körper und nahm mich mit auf eine mir unbekannte Reise. Eine so wundervolle, liebevolle, kraftvolle und friedliche Reise. Ich fühlte mich leicht und befreit, ein Zustand der Glückseligkeit. Ein unbeschreiblich schönes Gefühl, ein so großes Herz zu haben, welches sich öffnete. Ich ließ los und ging mit dem Licht der Liebe, befreit von allem, was nicht zu mir gehörte. Ich empfing Wärme, Kraft, enorme Energie und sog sie auf bis in die Fingerspitzen und Fußsohlen. Ich war pures Licht, ein wunderbares Gefühl. Ich hätte ewig in diesem Zustand verweilen können, in dieser Welt des Lichts, denn dies war, wie mir erst später bewusstwurde, eine Begegnung mit Gott. Doch irgendwann stand ich auf, gab mich dem Alltag hin und stellte schnell fest, dass nichts mehr wie früher war. Aufgeladen mit dieser Energie, startete ich in den Tag. Ich fühlte mich regelrecht beflügelt. Dieser Zustand hielt circa eine Woche an. In besagter Zeit geschahen unfassbare Ereignisse, die mit dem Verstand niemals begreiflich sind. Ich nahm die Natur, den Wald, die Tiere, meine Mitmenschen, einfach alles, wesentlich freundlicher, bunter und friedvoller wahr. Ich freundete mich mit unserem Nachbarshund an und spielte mit ihm, obwohl ich Angst vor Hunden hatte. Zu diesem Zeitpunkt empfand ich tiefsten Frieden, in mir und meinem Umfeld, denn ich empfing Liebe. Dort gab und wird es auch niemals Streit, Neid oder Hass geben. Ich war im Einklang mit mir, meinen Mitmenschen und der Natur. In dieser Zeit entdeckte ich Fähigkeiten an mir, von jenen ich niemals zu träumen gewagt hatte.

Ich begann Gedichte und Gebete zu schreiben, aus keinem bestimmten Grund, es geschah einfach. Wie eine Eingebung von „Oben", wenn man so sagen möchte. Ich hatte das Gefühl, es seien nicht meine Worte, sondern Worte, die mir zu Teil wurden, um der Menschheit Liebe und Frieden zu vermitteln. Ihnen das Gefühl zu geben, dass es eine Macht jenseits unserer Vorstellung gibt, die uns immerzu mit offenen Armen empfängt, wenn wir es denn wollen. Eine Liebe und eine Bereicherung von unermesslichem Wert. Eine Präsenz, die nicht in Worte zu fassen, sondern einzig mit dem Herzen fühlbar ist. So schrieb ich also mit Freuden und Eifer immer weiter, es sprudelte förmlich aus mir heraus. Eine mir ungeahnte Gabe kam zum Vorschein, die ich schließlich mit meinen Freunden teilte. Sie waren begeistert und ermunterten mich dazu, weiterzuschreiben. Durch Marianne Röhrig, eine gute Freundin, die selbst auch schreibt, bekam ich schließlich den Hinweis auch Prosa zu schreiben. Anfangs fiel es mir etwas schwer, doch mit der Zeit wurde es immer leichter und bereitete mir unglaublich Freude. Nun habe ich die letzten drei bis vier Jahre einiges an Gedichten, Gebeten und Texten geschrieben und zudem ein einjähriges Fernstudium (Literarisches Schreiben) an der Cornelia Goethe Akademie absolviert. Wenn ich auf diese Zeit zurückblicke, kann ich es selbst nicht fassen, dass all diese Dinge geschehen sind, denn ich war zu keiner Zeit ein Mensch der vielen Worte und schon gar nicht des Schreibens.

Ein Grund mehr für mich an Wunder zu glauben, denn ich habe sie tatsächlich erlebt. Mit diesen Worten fällt mir gleich ein Zitat aus der Bibel ein: „ALLE DINGE SIND MÖGLICH, DEM DER DA GLAUBT" (Markus 9,23b)." Der Glaube versetzt bekanntlich Berge und wenn wir uns diesem hingeben, so wird uns nichts mehr als unmöglich erscheinen. Wir werden in Dimensionen geführt, welche mit unserem Verstand in der Tat niemals begreiflich sind. Im Grunde tragen wir alle Gaben und Fähigkeiten in uns, wir müssen sie nur zum Vorschein kommen lassen, sie wieder entdecken. Als Kind erschien uns alles ganz einfach, wir machten uns keine Sorgen über Dieses und Jenes, nein wir ließen uns vom Leben tragen. Wir gaben, uns der göttlichen Führung hin, im Glauben, dass alles gut ist. Wir hatten dieses Urvertrauen, das vielen von uns Menschen im Erwachsenenalter verloren gegangen ist. Natürlich spielt die Erziehung, Umwelteinflüsse, aber auch einschneidende Ereignisse eine bedeutende Rolle. Doch wie dem auch sei, wir sind Seelen, die sich bewusst dazu entschieden haben, hier auf Erden als menschliche Wesen zu inkarnieren und unsere Erfahrungen zu machen. Dementsprechend haben wir unseren eigenen Rucksack, der speziell für uns gedacht ist, mitgebracht. Möge der ein oder andere den Gedanken haben, dass der Inhalt sehr schwer sei, so trägt doch ein jeder nur das, was er zu bewältigen vermag, dessen sollten wir uns bewusst sein. Vieles im Leben erscheint uns äußerst wichtig, nur uns selbst jedoch stellen wir sehr häufig in den Hintergrund. Haben Sie sich schon einmal gefragt, warum das so ist? Haben Sie sich bewusst die Frage gestellt, warum Sie häufig in dieser Scheinwelt leben? Nur das Drumherum so wichtig erscheint? Die Arbeit, materielle Dinge etc ... Damit wird häufig verdrängt, was uns Menschen schwerfällt, nämlich sich mit uns selbst zu befassen. Erneut könnte ich Ihnen die nächste Frage stellen: „Wann haben Sie sich zuletzt Zeit für sich selbst genommen, um zum Beispiel ein schönes Buch zu lesen, einfach nur Musik zu hören oder in die Natur zu gehen? Nur Sie für sich allein, ganz bewusst der Hektik des Alltags zu entfliehen, um wieder Kraft zu tanken.

Wie man deutlich wahrnehmen kann, befasse ich mich seit meinem besonderen Ereignis etwas tiefer mit der Thematik über den Sinn des Lebens. Es ist mir ein großes Anliegen, Menschen zum Nachdenken anzuregen, um mehr zu sehen, als mit bloßem Auge erkennbar ist. Denn wer lernt, auf sein Herz zu hören, eventuell auch mit ihm zu sehen, wird die Welt völlig anders wahrnehmen. Es werden Türen geöffnet, die als verschlossen galten, und Menschen treten in unser Leben, welche sich auf unserem Weg als treue Begleiter und gute Freunde, aber auch Helfer herausstellen. So begeben wir uns also immer wieder auf unbekannte Reisen, durchqueren Berge und Täler mit dem Gedanken, dass der Weg das Ziel ist. Denn es gibt immer etwas zu lernen, Aufgaben zu erfüllen und Herausforderungen zu meistern, um den für uns besagten Rucksack zu erleichtern. Viele Dinge geschehen in unserem Leben, sei es das Erfahren einer Krankheit oder der plötzliche Verlust eines geliebten Menschen und dann stellen wir uns die Frage „Warum?" Aber warum hinterfragen wir uns immer erst nach solch einem Schicksalsschlag oder nach Krankheit? Warum befassen wir uns nicht früher mit unserer Persönlichkeit? Solange es uns an nichts mangelt, fahren wir in dem Zug weiter, der oftmals geradeaus führt. Wir blicken zwar aus dem Fenster, lehnen uns jedoch nicht hinaus. Was ich damit sagen möchte, ist, dass es immer einfacher ist, den leichten Weg zu gehen, bis man schließlich an einen Punkt gelangt, der dazu auffordert, das Leben auch mal aus einem anderen Blickwinkel zu betrachten. Sich für die wesentlichen Dinge Zeit zu nehmen, sich damit zu befassen was wirklich wichtig ist, für sich selbst und für seine Mitmenschen. Denn wie heißt es so schön: „Wenn es mir gut geht, geht es auch dir gut!" Positivität kann sich übertragen, Lachen anstreckend sein und somit Glücksgefühle ausschütten, welche dem Gegenüber wiederum zum Glücklichsein verhelfen. Im Grunde ist es relativ einfach, wenn man sich dem Fluss des Lebens hingibt, nicht nur verdrängt, sondern erkennt, was wirklich wichtig ist.

Dabei steht die Liebe immer im Vordergrund, sie ist das alles Entscheidende, denn ohne sie erscheint alles nichtig. Sie lässt Herzen höherschlagen, sie verbindet, löst Streit und Neid, sie teilt und gibt. Sie ist Nahrung für Körper, Seele und Geist. Durch sie, blicken wir über unseren Tellerrand und fühlen mit dem Herzen. Wenn das Herz einmal geöffnet ist, so geht man mit einem ganz anderen Gefühl durch die Welt. Man spürt eindeutig die Verbindung zu allem, was ist, und weiß, dass man Teil des Großen und Ganzen ist. Liebe ist wie Magie, sie gleicht einem Zauber, bei dem man sich den Trick nicht erklären kann. Man fragt sich, wie das möglich sei, kommt aber nicht auf das Geheimnis, denn das kennt nur der Magier allein. Das Geheimnis der Liebe, kennt der Liebende allein, mit dem Unterschied, dass er den Trick nicht üben, sondern nur auf sein Herz hören muss, so geschieht alles von ganz allein. Der Zauber nimmt seinen Lauf, denn der Verstand ist längst ausgeschaltet. Das Geheimnis wird bereits gelebt. Diese besagte allumfassende Liebe geht so weit, dass wir eine ganz andere Schwingung wahrnehmen. Wir werden regelrecht getragen und gelangen in Felder unseres gleichen. Was bedeutet das? Es ist ganz einfach in Worte zu fassen. Wer das Sprichwort „Gleich und gleich gesellt sich gern" kennt, weiß sofort, worauf ich hinaus möchte. Man begegnet Menschen, die ebenso fühlen, schwingen und sich ähnlich sind. Man wird immer häufiger auf sie treffen, denn was man aussendet, wird auch empfangen werden. Wenn wir also Liebe aussenden, kommt Liebe zurück. Senden wir Neid und Streit aus, so kehrt auch Neid und Streit zu uns zurück. So ist es mit allem, was wir ausstrahlen beziehungsweise aussenden.

Dazu müssen wir uns nicht immer großartig äußern, allein unsere Gedanken können vieles verursachen. Durch die Macht unserer Gedanken können wir vieles beeinflussen. Wenn die gesprochen Worte noch hinzukommen, wird all das noch bestärkt. Nehmen wir als Beispiel ein Gebet. Ein Gebet hat eine enorme Aussagekraft, wenn es richtig angewandt wird. Man muss sich der Vision und der Macht des Wunsches, um den man bittet, hingeben, sich für den Augenblick ganz darauf fokussieren und fühlen, denn schließlich bestimmt der Geist die Materie. Ihr Geist ist es, der über Ihre Gedanken, Ihren Körper und Ihren Gesundheitszustand herrscht. Über Drama oder Weisheit, über Zweifel oder Gewissheit. Natürlich, werden nicht all Ihre Wünsche, die Sie im Gebet äußern, sofort am nächsten Tag eintreffen, das bedarf Zeit, Geduld und Disziplin. Da dies jedoch nicht immer einfach ist, haben wir hierfür, sowie auch für viele andere Dinge im Leben, Helfer an unserer Seite, die uns zur Verfügung stehen. Ein jeder kennt wohl den besagten Schutzengel, auf den man vertrauen kann, doch das ist nur einer von vielen weiteren Lichtwesen, die wir zu jeder Zeit um Hilfe und Unterstützung bitten können. Wir müssen es nur tun und schon werden sie für uns da sein. Gerade in den schwierigsten Stunden, scheinen sie unsere Retter und Tröster zu sein. Sie sind immer bei uns, sowohl bei Freud als auch bei Leid. Es gilt auf ihre Botschaften zu achten, sie als solche wahrzunehmen und sich diesen hinzugeben. Sie verhelfen uns in jeglichen Situationen und weisen uns den Weg. Eine Verbindung zu diesen besagten Lichtwesen und zu Gott, ist von enormer Wichtigkeit, die einen hohen Stellenwert in unserer aller Herzen haben sollte, um die Welt friedvoller und liebevoller zu gestalten. Mutter Erde und allen Lebewesen dankbar zu begegnen, denn schließlich sind wir alle „EINS", dessen sollte sich die Menschheit bewusst sein. Nur wer das versteht, weiß, dass die wahre Essenz des Lebens, die LIEBE ist!

Im Anhang nun einige Gebete, Gedichte und Texte, die mein besagtes Erlebnis widerspiegeln. Sie entspringen tiefster Schöpferkraft, erwärmen das Herz und regen zum Nachdenken an. Gebete sind uns gegeben, um in die Stille zu gehen und nachzuspüren. Wer sich ihnen hingibt, kann die Wärme und Energie deutlich wahrnehmen. Ein wahrer Kraftspender und Herzenswärmer für den Alltag.

Lassen Sie sich beim Lesen von Ihrem Herzen führen und Sie werden alles Niedergeschriebene verstehen.

Dieses Gedicht basiert auf meinen Gefühlen, die ich an jenem besagten Samstagmorgen empfand.

Die Pforte

Einst öffnetest du mir eine Pforte,
zu jenem wunderschönen Orte,
dort wo alles einst begann,
ich mich meines Glaubens zu dir besann.

In Liebe kamst du mir entgegen,
erteiltest mir dann deinen Segen,
welcher meines Weges führte,
mein Herz mit tiefstem Frieden berührte.

Ich wusste nicht, wie mir geschah,
plötzlich warst du mir ganz nah,
durchströmtest mich mit deinem Licht,
ein Lächeln erfüllte mein Gesicht.

Meine Gedanken, unverhofft klar,
mein Geist, die Seele freudetrunken war,
mein Körper in Lebendigkeit getaucht,
einzig und allein hatte ich dich nur gebraucht.

Von jenem Dunkel mich befreitest,
mich deiner Güte stets begleitest.
An jedem meiner Lebenstage,
ich hierfür einmal Danke sage.

Göttliche Macht

Licht empfangen der göttlichen Macht,
jene in stetiger Liebe über uns wacht.
Gebadet, gebettet, in goldenem Glanz
der Seele, des Geistes freudiger Tanz.

Alles rein besetzt mit Frieden,
im Einklang sich die Körper wiegen.
Kein Zwiespalt, weder Hast, noch ein Ringen,
einzig der Lichtwesen hellstes Schwingen.

Niemand untergeordnet, gar gebrechlich,
das Leben frei, der Mensch unbestechlich.
Diese Sphären, an Schwingungen reich,
die Seelen zart, die Herzen weich.

Dort thront der Glaube, der alles hält,
den Wesen, welche diese Welt gewählt.

Tief in uns!

Ganz tief in uns ist sie zu finden,
lässt alle Sorgen, Ängste schwinden,
erfreut sich an den kleinen Dingen,
welche uns Menschen näherbringen,
Achtsamkeit und Toleranz,
dafür ist sie stets bekannt,
aus aller Menschen Munde,
wird Liebe sie genannt.

Sie ist Ursprung unserer aller Herzen.
Großzügig, mächtig und allzeit bereit,
zu verzeihen ist die Liebe. Ihre Kraft vollbringt wahre
Wunder, welche uns Menschen Heil verschafft.
Ein Geschenk, das wir oft nicht zu würdigen wissen
und dennoch alle in uns tragen.
Denn nur durch die wahrhaftige Liebe
kann Frieden bestehen.
„Nun aber bleiben Glaube, Hoffnung, Liebe diese drei;
die Liebe aber ist die größte unter ihnen."[1]

---

1 (1 Korinther 13.13)

Mit nichts gekommen

Mit nichts sind wir gekommen,
mit nichts werden wir gehen,
und was dazwischen wir vernommen,
sollte in Liebe nur geschehen.

Zu glauben unsere Fülle,
sei fest in unserer Hand,
dies ist der Menschen Wille,
und ruht auf dem Verstand.

Das Herz jedoch, welches fühlt und lenkt,
den wahren Reichtum längst schon kennt,
welcher Frieden wird genannt,
Angst und Sorgen dann verbannt.

Dies gilt es zu erkennen,
warum wir hier zu Gast,
das, was wir Leben nennen,
sei Liebe, jene uns befreit von dem Ballast.

Menschliche Wesen

Menschliche Wesen in Gewand gehüllt,
so trägt ein jeder sein Erscheinungsbild.
Doch ist es des Körpers Hülle nur,
Geist und Seele, bestimmt des Menschen Natur.

Sie führen herbei, manch Schicksal des Lebens,
das schmucke Kleid, scheint dann vergebens.
Unsere Seele jedoch, uns auf Erden bestellt,
um zu zeigen die verschiedenen Facetten der Welt.

Des Öfteren wohl, sind wir schon gewesen,
als Geist im Kostüm, um auf Erden zu leben.

Doch muss vereint sein Körper, Seele und Geist,
um zu erfahren und schmecken die Glückseligkeit.

Sodass dieses hohe Maß an Glück gelingt,
muss man lieben und sein beschwingt.

Damit die Liebe jedoch Einkehr hält,
muss der Frieden sein gewählt.

Aus freien Stücken sollte er bestehen,
um des Lebens Freude zu sehen.

Spuren im Sand

Spuren im Sand,
kann der Wind verwehen,
die Liebe zu Gott jedoch,
bleibt immer bestehen.
Wahrhaftig, bedingungslos
und zweifelsohne
er in unseren Herzen wohne.

Bedingungslose Liebe ist weder zu verstehen,
noch zu beschreiben.
Sie geht weit über den Verstand hinaus.
Es ist ein Zustand jenseits dessen, was uns die
angebliche Scheinwelt tagtäglich vorspielt.
Schnelllebigkeit, unzählige Sinneseindrücke und
der Glaube daran, mit diesem Strom mitfließen zu müssen.
Das sind lediglich Spuren, welche auch wieder verwehen.
Sich der göttlichen Führung jedoch
wahrhaftig hinzugeben,
lässt das Leben aus einer anderen Perspektive erscheinen.
Hierbei steht das Herz im Vordergrund, welches uns lenkt
und führt. Es ist eine völlig andere Ebene, jene uns in
Freude, Frieden und Freiheit miteinander umgehen lässt.
Geben wir uns also dem Glauben der göttlichen Führung
hin. „Der Mensch denkt, Gott lenkt" und lassen
unser Herz sprechen.

Glück des Himmels

Wenn das Glück des Himmels,
herab auf dich regnet,
fühlst du im Herzen,
dich wahrlich gesegnet.

Du fühlst dein Selbst,
darfst sein, wie du bist,
alles um dich herum,
du dann vergisst.

Nichts erscheint wichtig,
weder falsch noch richtig,
es ist wie es ist,
du fühlst, dass du bist.

Alle Fesseln gesprengt,
so wirst du gelenkt,
von der unendlichen Liebe,
die dir verschafft, größten Friede.

Lieblicher Engel

Du lieblicher Engel in reinem Gewand,
einst hat Gott dich zu mir gesandt.
Bist Schutz und Trost, auf meiner Lebensleiter,
mein treuer, friedvoller Begleiter.
Schenkst dein helles, leuchtendes Licht,
es lässt zaubern ein Lächeln in mein Gesicht.
Dein Strahlen so warm,
mein Herz ganz leicht,
die Liebe zu dir, so unendlich reich.
Auf Flügeln trägst du mich gar sacht,
in jener tiefsten dunkelsten Nacht.
Und werden die Stunden,
auch mühsam und schwer,
mit dir an meiner Seite,
fühl ich mich niemals einsam und leer.
Einen Gottesboten bei mir zu haben,
lässt mich erglücken an so vielen Tagen.

Dein Seelenplan

Dein Seelenplan schon lange bestimmt, ehe dein Leben auf Erden seinen Lauf dann nimmt.
 Seelen kommen, Seelen gehen, ein Kreislauf, den wir alle verstehen. Doch denken die wenigsten darüber nach, was ihr „Sein" ihnen eigentlich besagt. Sie geben sich dem Alltag hin ohne Bedacht und jeglichen Sinn. Lassen sich berieseln von der Medienwelt, die so viel Schlechtes bereit für sie hält. Als Marionetten, an Fäden der Macht, werden sie gesteuert und ausgelacht. Doch sind sie blind zu sehen und zu verstehen, möchten im Fluss der Massen einfach mitgehen. Dennoch, Seelen kommen, Seelen gehen, manche lernen und verstehen, ist es doch so gedacht, ihre Aufgabe zu erkennen, warum sie hier zu Gast. Bei vielen hingegen scheinen noch etliche Inkarnationen von Bedarf, um zu erwachen aus ihrem tiefen Schlaf. Manchmal stellt sich jedoch die Frage, was denn einfacher sei dieser Menschentage. Zu leben in Bequemlichkeit, verschlossen der Ohren und Augen oder zu erwachen und sich seiner Freiheit nicht mehr zu berauben?

Der Schleier

Wenn der Schleier fällt,
das Licht dein Herz erhellt,
deine Sehnsucht sich in Liebe wiegt,
einzig und allein der Frieden siegt,
fühlst du Gottes Kraft, seine Macht,
welche diese Glückseligkeit in dir entfacht.

Wer solch eine Erfahrung der Glückseligkeit
selbst schon einmal erlebt hat,
weiß dieses Wunder mehr als alles andere zu schätzen.
Nicht vergleichbar manchen Emotionen, sind solche
Ereignisse, welche uns Menschen hier auf Erden immer
wieder bewusst werden lassen, dass wir wahrlich Gottes
Kinder sind. Das Gefühl von Freiheit, losgelöst von
Verstand und Materie, einfach zu SEIN ist das größte
Geschenk. Es befreit von jeglichem Schmerz und
führt zu unserem Ursprung zurück. Es ist einfach die
Liebe zu Gott, sich selbst und seinen Mitmenschen.
Frieden und Liebe zu fühlen und weiterzugeben, ist ein
wesentlicher Bestandteil unseres Lebens hier auf Erden,
welcher dazu beiträgt, dass unsere Welt sich
in Harmonie befindet.

Im Glauben an Wunder –
denn alles ist möglich, dem, der da glaubt!

Lichtbringer

Lichtbringer, die ihr seid hier auf Erden,
sendet Liebe aus, denn es soll Frieden werden!
Leuchtet mit all eurer gütigen Kraft,
in diese Welt, die geplagt von materieller Macht.
Gebt euer Licht an jene weiter,
welche bereit sind, auf ihrer Lebensleiter,
hinaufzusteigen, es zu wagen,
ein Stück eures Lichtes weiterzutragen.
Spendet Hoffnung, in dieser Zeit,
dass sich alles zum Guten wendet,
und macht uns bereit.
Zeigt auf die neue Welt,
welche im Glanz des Friedens sich erhellt.
Lasst uns erfahren und entdecken,
wie einst unsere Zukunft wird, schmecken,
welche von Liebe übersät,
die Materie nicht mehr an erster Stelle steht.

DU BIST

DU bist meines FUSSES LEUCHTE,
führest mich auf SCHRITT und TRITT,
und wenn deine HAND ich BRÄUCHTE,
reichst DU sie und NIMMST MICH MIT.

BIST mein ATEM, mein VERSTAND,
bist mein KÖRPER, mein GEWAND,
bist mein SCHIRM, mein SCHUTZ,
mein ganzes LEBEN,
mein VERTRAUTER auf allen WEGEN.

MACHST leicht mein HERZ,
nimmst QUAL und SCHMERZ,
DURCHFLUTEST mein ICH,
mit WÄRME und LICHT.

FÜLLST meine GEDANKEN,
mit KLARHEIT nur,
LENKST mich auf die RICHTIGE SPUR.
DORT wo GEBORGENHEIT nur WOHNT,
und es sich zu LEBEN LOHNT.

Was wäre, wenn?

Diese Frage hat sich sicherlich ein jeder schon mal gestellt.

Was wäre,
wenn der Tag mit einem freundlichen Lächeln beginnen würde? Menschen sich gegenseitig ein Strahlen schenken und freudig an die Arbeit gehen?

Was wäre,
wenn Menschen sich in Achtsamkeit begegnen würden?
Mit Toleranz und Verständnis aufeinander zugehen,
nicht wegsehen, sondern lernen zu verstehen?

Was wäre,
wenn die Angst uns nicht gefangen nimmt?
Wir wissen mit ihr umzugehen,
sie kommen und wieder gehen lassen?

Was wäre,
wenn wir alle im Glauben an das Gute leben würden,
ohne Zweifel? Zu wissen, dass da eine göttliche Kraft ist,
welche uns führt.

Was wäre,
wenn es weder Hunger noch Leid geben würde?
Alle Menschen ihren Teil dazu beitragen,
diese Not zu lindern beziehungsweise zu beseitigen?

Es wäre eine Welt in Liebe, Frieden und Harmonie.
Wohl ein jeder wünscht sie sich und dennoch sind längst
nicht alle bereit, in die Tiefe zu gehen.
Doch wir müssen nicht groß denken,
um Wunder zu vollbringen!
Es beginnt mit einem Lächeln,
das so manchen umdenken lässt.
Und wer dabei ist umzudenken,
hat schon einen großen Schritt gewagt!

An alle Menschen, die es wagen wollen, umzudenken!

DIE SUCHE

Dort wo du suchst, suchst du VERGEBENS,
in der HEKTIK, des lauten, bunten LEBENS.

Überhörst die WORTE.
Übersiehst die ZEICHEN.
Ignorierst die MENSCHEN.
Jene, die die HAND dir REICHEN.

Schwimmst im Strom, folgst der MASSE,
entfernst dich, deiner individuellen Klasse.
Verlierst deine Wahrnehmung, dein GESPÜR,
ein DANKESCHÖN bekommst du nicht dafür.

Betrachte GENAU.
Halte INNENSCHAU.
Folge deinem INSTINKT,
der einzig deines HERZENS entspringt.

Wer umsorgt und trägt dich auf HÄNDEN
würde seine LIEBE zu dir niemals beenden?
Nur wenige, die dies ABENTEUER wagen
sind es doch jene, die FRIEDEN in sich tragen.

DIE LIEBE

DIE LIEBE, wäret ewiglich
in jenem MENSCHENHERZ,
wer zu glauben es vermag,
sie lindert manchen Schmerz.

DIE LIEBE, sie kennt keine GRENZEN,
der Menschen ARM, ob REICH,
sie beglückt gar all die Herzen,
die zu lieben sind bereit.

DIE LIEBE, macht keinen UNTERSCHIED,
der Menschen DICK oder gar DÜNN,
sie lässt das Herze nur entscheiden,
das macht wahrlich Sinn.

DIE LIEBE, sie kennt keine Scheu,
obgleich KRANK oder GESUND,
sie trägt und stützt gar all die Menschen,
in jener schweren Stund.

DIE LIEBE, lässt das VOLK NICHT SPALTEN,
ob schwarz oder auch weiß,
sie bringt und hält zusammen,
vom Jüngsten bis zum Greis.

DIE LIEBE kennt keinen STREIT, keinen NEID,
zu verzeihen ist sie stets bereit.
Was wären wir nur OHNE SIE
so einsam und auch leer,
hoffnungslos und angsterfüllt
und unser Herze schwer.

Selbstliebe

Der Weg zum Glück,
beginnt mit der Selbstliebe!

Wir Menschen neigen dazu, alles im Außen zu suchen, angefangen von Materialismus bis hin zur Anerkennung. Gesehen, angenommen und geliebt werden, erscheint uns ebenso wichtig, wie die Luft zum Atmen. Doch was passiert mit uns, wenn dies nicht der Fall ist? Wir fühlen uns einsam, ein Stück weit verloren und versinken im Selbstmitleid. Umso wichtiger ist es, den Blick nach vorne zu richten, sich auf sich selbst zu fokussieren, hineinzuspüren. Wer seine Gefühle wahrnimmt, auf die Signale des Körpers achtet, weiß ganz genau, wo er ansetzen muss. Alles beginnt im Herzen, dort wohnt die Liebe! Diese gilt es anzunehmen, als Geschenk und Heilung für sich selbst.
Wer in Selbstliebe lebt, wird auch seinen Mitmenschen in Liebe begegnen.

Eine persönliche Bitte an die Menschheit gerichtet,
dem Ruf des Friedens und der Liebe zu folgen.

Frieden und Liebe

Kein Tag dem anderen gleicht,
gar hier auf dieser Erde,
jedoch in größter Bitte,
soll einmal Frieden werden.
Alles Leid und jener Hass,
sie mögen einst vergehen,
denn alle Menschen auf der Welt,
möcht Gott gemeinsam sehen.
Ein jeder ist sein Kind,
und alle sind wir EINS,
auch wenn keines der Geschöpfe,
jemals dem anderen gleicht.
Er hat gegeben uns,
die Liebe und das Leben,
so sollten wir gemeinsam
im Glauben und Hoffnung, danach streben.

So kann ich jene Zeit beschreiben, die von Leichtigkeit getragen wird. Dies geschieht nur dann, wenn man sich vom Außen nicht ablenken und vereinnahmen lässt und das Leben im Hier und Jetzt geschehen lässt.

Schönste Zeit

Des Lebens schönste Zeit,
geschieht im Hier und Jetzt,
alles scheint so schwerelos,
und niemand ist gehetzt.

Wiegt sich in Leichtigkeit und Liebe,
des Menschen größte Freud,
im Herzen tiefster Friede,
fühlt sich gar wie betäubt.

Alles geschieht von ganz allein,
man folgt dem Fluss des Lebens,
denn Gott hält schützend seine Hand
und nichts ist je vergebens.

Erhellt von seinem Licht,
dass einer Flut gar gleicht,
so zeigt Er uns die Liebe auf,
unser Verstand hierfür nicht reicht.

Was ist des Lebens Wert,
wenn es von Angst und Leid beschwert?

Wir Menschen erkennen den Wert des Lebens oftmals zu spät. Erst wenn wir durch bestimmte Ereignisse aus der Bahn geworfen werden, erfahren und schätzen wir es. Sei es durch eine Krankheit, einen Unfall oder gar den Tod geliebter Menschen.
Unser Alltag
nimmt so viel Raum ein und gibt uns nur selten die Zeit, zur Ruhe zu kommen. Jedoch ist diese von immenser Wichtigkeit, um uns ins Gleichgewicht zu bringen.
Nur so können wir Kraft schöpfen, uns neuen Herausforderungen stellen, welche uns das Leben immer wieder beschert. Es ist jene Stärke, die unser Leben lebenswert macht und uns an den kleinen Dingen erfreuen lässt.
Sei es ein Kinderlachen, Vogelzwitschern oder eine duftende Blume. Es erscheint wie ein Wunder, die Welt mit Kinderaugen zu sehen.

Geben wir uns der Leichtigkeit der Kinder hin und lassen uns von ihnen inspirieren.

Wenn meines Körpers ein Mangel herrscht,
so weiß ich, wer ihn zur Genesung bringt.
Wenn meinen Geist Unruhe plagt,
so weiß ich, wer ihn des Friedens führt.

Es ist eine GÖTTLICHE FÜHRUNG, die uns dazu verhilft, alles Leid und jegliche Erkrankung zu ertragen. Schwere Stunden, schier hoffnungslose Situationen und doch gibt es immer einen Weg aus der Misere. Wir tragen Kräfte in uns, die von unermesslichem Wert sind, deren wir uns jedoch nicht bewusst sind. Es ist schlicht und einfach die Verbundenheit zu GOTT, die diese Kräfte freisetzt. Doch nicht nur in der Schwere unseres Lebens, sondern auch an freudigen,
sonnigen Tagen ist er stets bei uns.
Das sollten wir uns immer wieder ins Gedächtnis rufen.

Fraget nach dem Herrn und nach seiner Macht,
suchet sein Angesicht ALLEZEIT![2] (1 Chronik 16:11)
Im Glauben an seine Liebe, Güte und
Stütze zu JEDERZEIT!

---

2 (Chronik 16:11)

Alles ist möglich, dem, der da glaubt!

Der Mensch, ist zu außergewöhnlichen Fähigkeiten imstande, deren er sich oftmals jedoch nicht bewusst ist. Der Glaube und die Einstellung zum Leben, ist von enormer Wichtigkeit.

Heilung

Heilungskräfte tief verborgen,
in dir schlummernd still und sacht,
wollen entfachen, sich erheben,
selbst in tiefster, dunkelster Nacht.

In Gedanken vor dem Traume
wähle ganz bewusst dein Heil,
in deinem Geiste fest verankert,
wird's eines Tages dir zuteil.

Dein Bewusstsein zeigt dir auf,
was es zur Genesung braucht.
Den Glauben und die Liebe zu dir,
daraus entsteht aus GEIST,
KÖRPER und SEELE ein WIR.

Erkennt die Sprache des Herzens und folgt ihr, jederzeit!

Was dein Herz spricht

So höre, folge, lerne,
was dein Herze spricht,
verbleib nicht in der Ferne,
die Liebe findest du dort nicht.

Ganz tief in dir, ist dein Zuhause,
dein wahres Ich geborgen,
dort fühlst, verstehst, erlebst du,
welch Sehnsucht ist verborgen.

Es ist der Frieden deiner Selbst,
der sich sehnt herbei,
jener dich gar liebend lenkt,
und deiner Seele Freude schenkt.

EURE GEDANKEN

Auf eure GEDANKEN gebt gut acht,
sie werden einst zu WORTEN gemacht.
Sind die WORTE einst gesagt,
wird die TAT ganz schnell gewagt.
Ist die TAT dann einst geschehen,
so muss man NEUE WEGE gehen.

Es ist uns Menschen oft nicht bewusst, was wir mit unseren Gedanken anrichten können. „ES IST JA NUR SO EIN GEDANKE", sagen wir uns oft und schon passiert es dann ganz unverhofft, dass wir ihn schon des Öfteren ausgesprochen haben, bis wir ihn in die Tat umsetzen. An sich keine schlechte Sache, doch kommt es ganz darauf an, was wir tatsächlich denken.

Wollen wir also Positivität, Lebensenergie, Freude und Gesundheit, so müssen wir sie uns immer wieder ins Gedächtnis rufen.

„DENN WAS WIR SÄEN, WERDEN WIR ERNTEN."

Das größte Geschenk, das uns gegeben,
ist auf Erden, unser Leben!

Eine unserer größten Herausforderungen ist es,
sich dem Fluss des Lebens hinzugeben.
Einfach zu vertrauen und es immer wieder als Geschenk
anzunehmen. Leider sind wir viel zu häufig
damit beschäftigt,
uns über Nichtigkeiten den Kopf zu zerbrechen, jene
doch nur Energieräuber sind und uns schlimmstenfalls
krank machen. Dabei müssen wir lediglich in die Natur
gehen, um das Leben als solches wahrzunehmen.
Denn jede Jahreszeit, zeigt uns deutlich auf, was zu tun
ist. Der Frühling lässt uns Erwachen, der Sommer ist
Genuss, Stille kehrt im Herbst dann ein, die im Winter zur
Besinnung führt. Leben wir also im Einklang mit der Natur,
befinden wir uns mitten im Fluss des Lebens,
wovon Körper, Geist und Seele profitieren.

Ist diese Harmonie gegeben,
erkennen wir das wahre Geschenk.

Seelengewand

Seelengewand gar so sensibel,
dem Hauch der sachten Schmetterlingsflügel,
es an Gebrechlichkeit gar gleicht,
so zart und auch so federleicht.

Eingehüllt in tiefste Liebe,
so zeigt es seinen Glanz,
unbeschwert und schwerelos,
in Freud die Seele tanzt.

Tiefster Friede wohnt gar inne,
des Gottes heller Schein,
dort ruht die Seele stille
und Wärme strömt hinein.

Ein jeder Mensch

Ein jeder Mensch, auch noch so klein,
mag von größter Bedeutung sein.
Als Entdecker und Forscher wird er geboren,
jedoch durch Einfluss der Gesellschaft geht er verloren.
Die Schwächen werden schnell gefunden
und er kritisiert in so manchen Stunden.
Stärken werden von Gott ihm gegeben,
sie hervorzuheben, ist wichtig im Leben.
Ein jeder mit seiner Gabe, die ihm gedacht,
trägt dazu bei, dass die Welt schöner gemacht.
Nur gemeinsam können wir es schaffen,
uns Menschen einander glücklich zu machen.
Eifersucht und Neid sollten wir meiden,
unser Herz, es wird dann nicht mehr leiden.
Drum lasst uns in Frieden und Liebe begegnen,
Gott wird uns dankend dafür segnen.

In Worte gehüllt,
gar nicht zu vergleichen,
was eine Umarmung verursacht,
um das Herz zu erreichen.

Auf Seelenebene vereint, bedarf es keiner Worte. Einzig eine sanfte Berührung, ein Blick, eine kleine Geste ist ausreichend, um sein Gegenüber zu verstehen. Es ist die Sprache des Herzens, jener wir uns vollkommen hingeben. Sie ist nicht mit dem Ausdruck zu vergleichen, den wir tagtäglich in Gebrauch nehmen. Eine völlig andere Ebene zeichnet sich dadurch aus und der Fokus ist auf das Wesentliche gerichtet, worauf der Mensch mit seinem Verstand nicht zurückgreifen kann. Liebe basierend auf einem Niveau, das so tief und innig ist, welches mit der irdischen Liebe nicht vergleichbar ist. In einer Intensität, die kein Wort beschreiben kann. Ein allumfassendes Gefühl, ohne Beschränkung und ohne Grenzen.

Sag WO?

WO ist deine Heimat,
WO findest du Ruh
WO legst du dich nieder
schließt deine Augen zu?

WO fühlst du dich geliebt und WO geborgen
WO bist du frei von Ängsten und Sorgen?

WO lebst du die Freiheit, spürst das Glück
genießt das Leben Stück für Stück?

WO findest du Gehör
WO gehörst du dazu?
WO kannst du sein,
ganz einfach nur du?

WO bist du ausgelassen wie ein Kind
WO kannst du tanzen, wie die Blätter im Wind?

WO spürst du den Frieden und die Wärme
WO bist du befreit von all dem Lärme?

WO empfängst du das Leuchten
das helle Strahlen,
um die Dunkelheit zu bemalen?
Sag WO?

Von unschätzbarem Wert!

Sie schenken sich VERTRAUEN,
ihre HERZEN sind vereint,
TEILEN Schmerz und Freuden,
die FREUNDE sind gemeint.

Die FREUNDSCHAFT ist ein kostbarer SCHATZ, wesentlich WERTVOLLER als jeglicher DIAMANT. MENSCHEN, die in JEDER Situation, zu HELFEN bereit sind, mit RAT und TAT zur Seite stehen, sind mitunter eines unserer GRÖSSTEN Geschenke. ALLES erscheint EINFACHER zu ERTRAGEN, selbst in der größten NOT. Es ist eine TIEFE Verbundenheit, die durch NICHTS und NIEMANDEN getrennt werden kann, denn sie besteht auf SEELENEBENE.

Wer dieses INNIGE Gefühl der WAHRHAFTIGEN Freundschaft kennt, weiß es SEHR zu SCHÄTZEN.

An alle MENSCHEN, die sich in TIEFSTER LIEBE und von GANZEM HERZEN VERBUNDEN fühlen.

Engel auf Reisen

Engel gehen auf Reisen,
um zu verkünden frohe Botschaften.
Sie treten in unser Leben, weisen uns den Weg,
welcher hin und wieder sehr mühsam erscheint.
Ein Gefühl wohliger Wärme durchströmt unseren Körper,
und ihre Präsenz, ihr Licht durchflutet
uns mit tiefster Liebe.
Stille, Frieden und Vertrauen ziehen ein.
Um uns herum scheint die Welt stillzustehen.
Aufmerksam und voller Neugier
lauschen wir ihrer Stimme.
Ganz ruhig und sanft sprechen sie zu uns.
Der Dialog beginnt, welcher unerwartet doch voller Freude
seinen Lauf nimmt. Wir erhalten Antworten auf unsere
Fragen, es öffnen sich ungeahnte Welten,
von denen wir nie zu träumen gewagt.
Es ist wie ein wunderschöner Traum
und doch real. Sie sind uns unglaublich nah und
lassen wir uns auf sie ein, spüren und sehen wir sie.
Sie geben Schutz und Halt, Trost und Liebe,
und schenken unseren Herzen tiefsten Frieden.

In Dankbarkeit an unsere Engel.

Im Glanz des Lichtes

Im Glanz des Lichtes erkenne ich dich wieder,
dort fühle ich deine Liebe, leg mich zu dir nieder.
Dort fühle ich, was in Vergessenheit gerät,
den Frieden, der mich hält und trägt.
Dort darf ich sein, so wie ich bin,
dann weiß ich, alles macht seinen Sinn.
Dort bin ich in Liebe, so wie sonst nie,
bin nicht gefangen, gar lieblos irgendwie.
Weiß, wem ich gehöre, einzig nur DIR,
dort machst du aus MIR ein gemeinsames WIR.
Dort kann ich vergeben, vergessen, verzeihen,
mögen sich auch etliche Schicksale aneinanderreihen.
Dort kann ich blicken, ganz ohne Furcht und Sorgen,
kann mich erfreuen auf einen neuen Morgen.
Dort bin ich behütet, ganz sanft getragen,
kann alles mit Freude und Leichtigkeit wagen.
Dort bin ich befreit der schweren Last,
kostet der Alltag doch manchmal viel Kraft.
Dort bin ich alles und auch nichts,
bin einfach nur geliebt deines hellen Lichts.
Dort bin ich nicht einsam, keine Sekunde,
gibt es weder Raum noch jegliche Stunde.
Dort ist gestillt die Sehnsucht zu dir,
dort trag ich die Glückseligkeit in mir.
Dort kann mich niemand hetzen,
geschweige denn verletzen.
Dort ist das Leid niemals zu finden,
Kräfte werden keineswegs schwinden.

Dort, dem schönsten heiligen Ort,
gibt es weder Krieg noch Mord.
Dort hört man singen die Engel sacht,
ihre schönsten Lieder, die uns gedacht.
Dort weiß man einander zu schätzen, zu ehren,
die Weisheiten untereinander zu lehren.
Dort braucht es keine Worte, nur Gedanken,
dort kommt man niemals ins Grübeln, gar wanken.
Dort erkennt man, wer man eigentlich ist,
ein göttliches Wesen, das auf Erden sich vergisst.

Hier auf Erden scheint alles ganz fremd,
fühlt man sich häufig klein und beklemmt.
Hier auf Erden scheint alles verdichtet,
der Mensch den Blick nicht auf das Wesentliche richtet.
Hier auf Erden scheint der Mensch häufig
kühl und arrogant,
trägt er doch die Gier des Geldes in seiner Hand.
Hier auf Erden scheint der Mensch sich zu verlieren,
im Fluss des Stroms sich zu verirren.
Hier auf Erden scheinen wir zu ernten,
was wir durch unsere Gedanken lernten.

Doch ist alles so gewollt,
die Erfahrung uns dennoch manchmal überrollt.
Besinnen wir uns dann erneut,
werden wir mit Glück erfreut.
Erfahren auch hier die Liebe, die wir kennen,
möchten uns niemals mehr von ihr trennen.
So ist wohl gedacht dieser Weg auf Erden,
wir sind hier, um in Liebe glücklich zu werden.
Denn nur sie gibt, was sonst keiner kann,
Vertrauen und Friede an Kind, Frau und Mann.
An alle Wesen der großen Welt,
erteilt sie ihr Heil ganz ohne Geld.
Sie ist das, was der Mensch in sich trägt,
wenn er den Weg Gottes wählt und einschlägt.

Manchmal träumte ich mich fort,
der fremden Galaxien,
an einen Licht durchfluteten Ort,
mit wunderschönen Melodien.

Träume befreien uns aus dem Alltagstrott und nehmen uns mit auf eine wunderbare Reise. Wir fühlen uns losgelöst, fast schwebend, wie ein Vogel, der seine Freiheit genießt. Nichts erscheint von Bedeutung und nichts geschieht in Zeit und Raum. Einzig unser „Sein" können wir vernehmen und ein Gefühl der Schwerelosigkeit, welches uns in Wonne wiegen lässt. Träume geben uns all das, was uns in Realität an Leichtigkeit und Vertrauen fehlt, nämlich die liebevolle Hingabe zum Leben. Einfach zu „sein", mit all unseren Stärken und Schwächen, jene uns letztlich zu dem Menschen machen, der wir eigentlich sind.

Lassen wir uns von unseren Träumen verzaubern und fügen sie in die Realität unseres LEBENS ein.

Im Jenseits

Dort, der fremden Galaxie,
weit entfernt der Erde,
eine Form der Harmonie,
dass Mensch sein gänzlich sterbe.

Kein Schmerz, kein Leid,
weder Gewalt noch blutiges Gefecht,
allein der Liebe reinstes Kleid,
nichts scheint mehr dunkel noch schlecht.

Als Licht erhellte Wesen,
im Jenseits unserer Existenz,
dort, dem schönsten aller Orte,
erstrahlt im Glanz unsere Präsenz.

Freiheit, Freiheit grenzenlos!

Sehnsucht der Freiheit so grenzenlos, frei von Verantwortung, welche oft so groß. Vergangenes hinter sich zu lassen, sich zu befreien der drängenden Massen. Das Leben gestalten, wie es das Herz nur lenkt, denn ist der Verstand erst eingeschaltet, man vieles hinterfragt und bedenkt. So rückt sie rasch in den Hintergrund, die Freiheit groß und bunt, die Gleise wieder festgefahren, und nichts mehr läuft gar rund. Doch ruft die innere Stimme, dass man auf jenes sich besinne, was das Ziel unseres LEBENS denn eigentlich sei? Sich zu fühlen wie ein Vogel, so frei oder sich aufzuopfern des Alltags, welcher erscheint so schwer wie Blei? Woran halten wir fest, was wollen wir planen – läuft das Leben in den richtigen Bahnen? Doch gibt es kein FALSCH noch ein RICHTIG, alles im Leben scheint seinen Sinn zu haben und ist wichtig. Die Freiheit jedoch zeigt uns deutlich auf, was man zum Leben eigentlich braucht – etwas Glück, ein bisschen Mut, die Liebe, den Frieden und alles ist gut.

Das Leben, ein Wandel

Das Leben ist ein Wandel,
die Zeit sie bleibt nicht stehn,
selbst das größte Abenteuer
wird einst vorüber gehn.

Das Leben ist nur ein Besuch,
manchmal Segen, manchmal Fluch.
In der Freude größtes Los,
in der Hast das Leid so groß.

Das Leben ist wie ein Gedicht,
manch einer versteht diese Sprache nicht.
Es ist Spiel und Weisheit zugleich,
äußerst amüsant und auch lehrreich.

Das Leben ist und wird's auch bleiben,
um Geschichten niederzuschreiben.
Erfahrungen, die man einst durchlebt
und Ziele immer wieder neu anstrebt.

Das Leben ist geführt und gelenkt,
der geistigen Welt die uns beschenkt.
Sie hilft und heilt selbst tiefste Wunden,
in den scheinbar schwersten Stunden.

Neue Generation

Eine neue Generation macht sich bereit, um eine Welt zu erschaffen, welche auf Liebe basiert. Es ist eine Entwicklung, die vonstattengeht, die jene Menschen vorantreibt, die bereit sind, in vollem Vertrauen und mit dem Herzen zu gehen. Das bedeutet, dass Menschen, die sich diesem Vertrauen hingeben, durch Gott geführt zu werden und sich dessen bewusst sind, in eine völlig andere Dimension eintauchen. Es wird erfahren, was gebraucht und gewünscht wird, denn das Bewusstsein will gelebt werden. Hier geht es um weitaus mehr, als seinen persönlichen Wunsch, nämlich um „NÄCHSTENLIEBE" und diese in die Welt zu tragen. Das Feld der Liebe kann Unglaubliches bewirken, es ist wie mit dem Glauben. Im Grunde gehören diese beiden zusammen, der Glaube versetzt Berge und die Liebe lässt das Eis schmelzen. Immer wieder geschehen Wunder, sei es durch den Glauben oder die Liebe. Leider sind noch zu wenige Menschen erwacht, um sich dessen bewusst zu sein, warum wir eigentlich hier auf Erden sind. Für mich persönlich ist es meine Lebensaufgabe, LIEBE auszusenden und diese in die Welt zu tragen.

„Ein Licht leuchtet, ein Lichtermeer ist Glanz!"
    Deshalb GLAUBT und seid in der LIEBE, um die Welt im GLANZ des LICHTERMEERES zu erleben.

Feuer

Feuer sitzt ganz tief und fest,
will entfachen, sich erheben,
speit und tobt des Leibes kräftig,
gleichend einem Erdenbeben.

Möchte knistern und zischen,
nicht mehr unterdrücken,
möchte deines Lebens
in den Vordergrund rücken.

Drum lass es lodern, lass es brennen,
du allein kannst es erkennen,
das Feuer, das in deinem Körper sitzt,
spürst die Glut, die nie erlischt.

Lass es tanzen, sich erheben,
Kraft und Macht wird es dir geben,
frei gesetzt wird Energie,
dein Antlitz strahlt so wie noch nie.

Auf der Suche nach dem WARUM!

Auf der Suche nach dem WARUM,
begegnete ich meinem Verstand,
der vorerst über allem stand.
Er hinterfragte mein ganzes Leben,
alte Gedankenmuster gab es zu lösen.
Verstrickungen, Verhaltensweisen
galt es zu durchtrennen,
mich ganz bewusst
dem Neuen zu bekennen.

Wesentlich größer jedoch
als der Verstand,
sprach die Liebe zu mir,
auch als Herz bekannt.
Sie führte in Dimensionen,
welche schier unbeschreiblich
und mit dem Verstand
wohl niemals begreiflich.

Auf der Suche nach dem WARUM,
dem Spiel dieses Lebens auf Erden,
so wurde eins mir bewusst,
wir ALLE sind hier, um zu lernen.
An Aufgaben, Herausforderungen
die nicht immer leicht,
doch haben wir stets einen Helfer,
der uns die Hand dann reicht.

Und scheint der letzte Funke
der Hoffnung auch verloren,
so tritt hervor die eigentliche Kraft,
aus der wir einst geboren.

Sie macht wieder sichtbar,
was wir eigentlich sind –
ein Körper vereint mit Geist und Seele,
gemeint ist ein GOTTESKIND.

Kannst du dich fühlen, dich wahrhaftig sehen
und zurück zu deinem Ursprung gehen?

Wir leben in einer äußerst interessanten und turbulenten Zeit. Eine Etappe, die uns fordert, regelrecht prüft und uns vor Entscheidungen stellt. Menschen flüchten, andere verdrängen, einige suchen, wiederum andere erkennen. Erkennen sich selbst, ihren Ursprung, ihr Sein, nicht nur die Welt im Glanz und Schein. Manche sind noch auf der Suche nach ihrer Identität, da der Nebelschleier noch im Vordergrund steht. Doch jene, welche verdrängen und flüchten, scheinen sich sehr zu fürchten. Sitzen fest im Zug, blicken zum Fenster hinaus, doch steigen sie niemals aus. Wagen es nicht, der Realität ins Auge zu sehen, möchten ihren festgefahrenen Weg bis zum Ende gehen. Ist der Pfad doch wesentlich leichter, die Gewässer nicht tief, sondern seichter. Jedoch die Mutigen, all jene, die sich bekennen, auch die tiefen Gewässer nicht verdrängen, gehen mit Stolz und Freude voraus, denn sie erkennen, der holprige Weg ist bald aus. Vorbei die steilen, schmalen Stege, fortan geht's auf sicherem Wege. Eine Welt, die sonst erkennbar nur im Traum, findet nun in der Realität ihren Raum. Dort ist zu finden Glückseligkeit und der Menschen Freiheit wird nicht mehr geraubt.

Die größte Weisheit ist nicht von Bedeutung,
wenn die Liebe nicht erfahren wird.

Alles kann erlernt und jede noch so schwierige Prüfung gemeistert werden, die Liebe jedoch IST EINFACH.
Sie ist tiefgehend, allumfassend und bringt alles
in höchste Schwingung.

Sie ist das, was mit bloßem Auge nicht erkennbar ist
und selbst mit größtem Verstand nicht messbar ist.

Sie ist das HIER und JETZT, Zeit und Raum erscheint
nichtig, sie führt in die Unendlichkeit.

Sie ist Nahrung für Körper, Seele und Geist,
Licht an dunklen, grauen Tagen.

Sie selbst kann schmerzhaft sein, weil sie dehnbar,
leidenschaftlich und gewaltig ist.

Sie führt in Dimensionen, die schier unendlich sind
und dieser Welt nur ein Hauch davon spürbar ist.

Sie ist die Tiefe aller Tiefen, die Höhe aller Höhen,
das Herz aller Herzen und die Gnade aller Gnaden.

Sie ist das größte Geschenk, das ein spirituelles Wesen im
menschlichen Körper hier auf Erden jemals erfahren kann.

Schöpfer deiner Möglichkeiten

Möglichkeiten unbegrenzt,
liegen dir zu Füßen,
deine verborgenen Talente,
lass in dein Leben fließen.
Glaube fest an deinen Traum,
gib bedingungslos dich hin,
braucht doch alles Zeit und Raum,
bevor erfolgt dann der Gewinn.

Wenn einst erfüllt, sodann die Vision,
der Triumph wahrlich gespürt,
wartet die nächste Aufgabe schon,
die erneut dich dann verführt.

Alles geschieht, wie du es erschaffst,
bist du doch Schöpfer deiner Selbst,
den Plan, den du dir einst gedacht,
erblühet somit in voller Pracht.

Breitest aus dein stolzes Gefieder,
legst der Welt dein „Sein" hernieder,
zeigst dich deiner Farbenpracht,
all das hast du ganz allein gemacht.

Dieser Text, beruht auf einer ganz besonderen Zeit,
die uns im wahrsten Sinne des Wortes eingeengt hat.

Des Vogels Flügel

Was nützt des Vogels Flügel,
wenn sein zu Haus der Käfig,
des Lebens er vereinsamt,
gar müde wird und schläfrig.
Stillschweigend, benommen,
schlichtweg gefangen,
ist die Welt an ihm vorüber gegangen.

Auch wir Menschen scheinen insbesondere in dieser Zeit, ein Gefühl der Benommenheit zu durchlaufen.
Unser Leben, gleicht einer großen Bühne, auf der unzählige Theaterstücke stattfinden!
Solch ein Empfinden, geht von jenen Menschen aus, welche nicht im Strom mitschwimmen, sich gefangen nehmen. Zwar haben sie keine Flügel, jedoch einen freien Geist, welcher über ihre Freiheit entscheidet.
Nun liegt es an jedem Einzelnen, müde und schläfrig zu werden oder frei und lebendig.

An all jene, die Lebendigkeit in sich tragen!

Ein Ereignis, welches auf eine Yogastunde zurückzuführen ist. Durch den Klang der Trommel, wurde ich in eine andere Zeit geführt. Mental befand ich mich mitten im Dschungel, woraufhin ich dieses Erlebnis niederschrieb.

Trommelklänge

Hörst du sie schlagen, hörst du sie toben,
fühlst du die Erschütterung des Erdenboden?
Trommelklänge führen uns zum Ursprung zurück,

in eine Welt fernab der Zivilisation, an einen Ort, an dem der Mensch sich erleben und erfahren darf. Umgeben von wildem Geschrei der Naturvölker, jene sich den lauten Trommeln ergeben und in Trance tanzen, lässt uns erahnen, welchen Bezug sie zur Natur haben. Im Einklang des Feuers, der Macht der Schamanen, wird Mutter Erde in höchste Schwingung getragen. Lichtwurzeln wachsen tief in die Erde und geben ihren geschmeidigen Körpern festen Halt. Ihr Geist verbindet sich mit ihren Ahnen, die ihnen dazu verhelfen, ihr Leben in Balance zu bewahren. In dieser Ekstase entsteht Reinheit und Einheit. Solch eine Wahrnehmung kann entstehen, wenn der Klang der Trommel mitten ins Herz geht und wir den Ursprung fühlen. Mensch, Tier und Mutter Erde verschmelzen und werden eins.

Wir werden zurückgeführt zum ewigen Licht...
Wer die Unendlichkeit einmal erlebt hat,
befindet sich auf allen Ebenen in Frieden und Liebe.

Das Leben

Des Lebens Kunst gilt es zu erfahren,
was es mit sich bringt, in all den Jahren.
Freuden der höchsten Gipfel so groß
lassen uns der Schwere des Alltags los.

In diesen Zeiten den Sternen so nah,
das Funkeln fast spürbar, als wäre man da.
Vom Lichte getragen, der Liebe benommen,
das Gefühl zu vernehmen, man sei angekommen.

Doch ist der Mensch ein zweifelndes Wesen,
muss auch erfahren die Tiefen im Leben.
In dunkle Täler steigt er nieder,
gar schmal und steinig die Wege,
dorthin verirrt, sucht er dann wieder
ganz schnell nach sicherem, Stege.

Was ist der Mensch doch für ein Narr,
kann des Lebens nicht einfach sein,
muss sich beweisen und spüren,
braucht Ansehen, Glanz und Schein.

Wäre es doch einfach, der Welt zu leben,
ihrer Vielfalt von Gott einst gemacht,
doch wurde der Verstand ihm gegeben,
er dadurch zu viel gedacht.
So hat doch das Herz einen besonderen Platz,
in ihm verborgen, der wahre Schatz,
der uns vereint und verbindet,
sodass Hass und Leid dann schwindet.
Denn nur wer Frieden in sich trägt,
fühlt, wenn das Herz am rechten Fleck nur schlägt.

> Des Lebens Fluss ist unumgänglich,
> nichts, was ist, bleibt je beständig!

Oftmals geschehen Dinge in unserem Leben,
  die wir zu hinterfragen versuchen, jedoch keine Antwort darauf finden. Erst viel später im Laufe unserer
  Zeit merken wir, wie sich das Puzzle zusammenfügt. Und kaum ist es getan, ziehen wir dann weiter voran. Wir werden geführt, begegnen Menschen, welche uns des Lebens lenken. Sodann sind wir wieder einen Schritt weiter und erneut zeigt uns der Fluss des Lebens auf, dass er unaufhaltsam ist. Eine jede Erfahrung bereichert unser Sein, doch nichts, was war, wird je beständig bleiben. Es gilt immer wieder neue Wege, Herausforderungen anzunehmen und zu meistern. So ist der Fluss wie ein Strom, reißt uns mit und zeigt uns auf, dass wir nicht auf der Stelle treten sollen.

> Gewisse Dinge geschehen,
> lassen sich nicht vermeiden,
> so wird es uns immer ergehen.

> Das Leben steht niemals still,
> der Mensch jedoch entscheidet,
> wohin er mitgehen will.

Die Wellen

Das Leben den Wellen des Meeres gleicht,
an sonnigen Tagen ist es leicht.
Die See ruhig, kein Wellenschlag,
einzig ein wohlig entspannter Tag.

Hingegen in stürmischen, wilden Zeiten,
die Wellen sich ihrer Macht ausweiten.
Sie toben und wüten, ganz ungezähmt,
der Mensch erstarrt, gar wie gelähmt.

Die Suche nach Halt, sie scheint so schwer,
dem leidenschaftlichen, aufbrausenden Meer.
Land unter, hört man das Geschrei,
in der Hoffnung, es sei bald vorbei.

Vorübergezogen das Unwetter dann,
zieht dich der Ozean erneut in den Bann.
Zeigt die Stille, die Pracht seiner Weite,
kündigt sich an von seiner schönsten Seite.

Das Wasser des Lebens, ganz ohne Wellen,
ist wohl unsagbar schwer, dies zu bestellen.
Doch lenken die Wogen die Menschen nur,
ihre Existenz zu richten auf die rechte Spur.

Die KRAFT der EMPATHEN!

Häufig fühlen sich HOCHSENSIBLE MENSCHEN völlig ERSCHÖPFT. Es ist ihnen ein BEDÜRFNIS, Menschen zu UNTERSTÜTZEN und ihr Umfeld in HARMONIE zu erleben. Ein offenes OHR, eine helfende HAND und die ständige BEREITSCHAFT einzuspringen, wenn man gebraucht wird. Doch was steckt dahinter? Angst vor Ablehnung oder nicht gut genug zu sein? Streben nach Anerkennung, gesehen werden zu wollen, aber doch nicht im Mittelpunkt zu stehen? EMPATHEN opfern sich regelrecht auf, besonders für MENSCHEN, die ihnen NAHESTEHEN und VERLIEREN sich dabei oft SELBST. Was für eine STÄRKE muss aber dennoch in solchen Menschen stecken, die bereit, sind ihr „LETZTES HEMD" herzugeben? Aufopferung, Nächstenliebe, Treue und Einfühlungsvermögen zeichnet solche Menschen aus. Jedoch ist es von IMMENSER Wichtigkeit, dass diese Menschen lernen, auch mal NEIN zu sagen, sich SELBST zu ACHTEN und zu LIEBEN, gut für sich zu SORGEN und KRÄFTE zu sammeln. Sei es durch Meditation, die Natur oder Musik. Es gibt viele MÖGLICHKEITEN, sich wieder AUFZUTANKEN, ein jeder muss das Richtige für sich selbst finden. Nur dann können EMPATHEN immer wieder ihr „HEMD" hergeben.

An alle EMPATHEN mit ihrer unglaublichen KRAFT.
    SCHÜTZT und LIEBT euch, um all das weitergeben zu können, ohne völlige ERSCHÖPFUNG!

Wo Macht und Gier
der Welt nur herrscht,
wird Frieden niemals walten,
erst wenn die Liebe Einkehr hält,
wird sein die Menschheit
nicht mehr gespalten.

Ein jeder Mensch, der tiefste Liebe und Frieden schon einmal erfahren hat, wird das Prinzip von Macht und Gier niemals verstehen.

Es ist nicht entscheidend,
 was wir besitzen oder in welcher Position wir stehen, sondern vielmehr, wie wir unseren Mitmenschen begegnen.

Es ist nicht entscheidend,
 welche Hautfarbe wir haben oder welcher Religion wir angehören, denn letztendlich sind wir alle EINS, Kinder Gottes.

Das Entscheidende ist, sich dem Leben in Frieden und Liebe hinzugeben und diese fließen zu lassen.
 Die Menschheit sollte sich darüber bewusstwerden, dass die einzig wahre Essenz des Lebens die LIEBE ist.

Der Sinn des Lebens

Ein jeder sucht, ein jeder hinterfragt,
was wohl der Sinn des Lebens zu sein vermag.
Sind es teure Designerstücke,
welche uns führen zu unserem Glücke?
Schicke Autos, im edlen Modell,
gar hochwertig und auch so schnell?
Ein schmuckes Haus,
doch was macht man draus?
Das viele Geld, von Macht besetzt,
welches uns doch nur hetzt?

Wir verlieren uns im Außen,
wissen nicht mehr wohin,
fragen uns erneut,
worin besteht nun der Sinn?

Die Antwort ruft, sie scheint vergebens,
denn niemand sucht in der Stille des Lebens.
Doch ist es einfach, ohne müh und Hohn,
es bedarf nur ein wenig Konzentration.
Nach innen zu gehen,
mit dem Herzen zu sehen,
das Gefühl der Liebe zu verstehen.

So bedarf es keiner Frage,
die Antwort längst gefällt,
es bedarf nur jene Tage,
da nichts mehr wert das Geld.
Sodann werden wir finden,
wonach wir lange gesucht,
es erscheint primitiv,
und doch tut es gut
zu wissen, dass sie jeder in sich trägt,
die Liebe, die den Sinn des Lebens bewegt.

Niemand weiß, wie es geschah,
doch plötzlich war das Wunder da!
Stille herrschte auf der Welt,
keine lauten Töne,
den Menschen ward die Liebe bestellt,
im Glauben an das Schöne.

Erst in der Stille lernen und erfahren wir,
worauf es wirklich ankommt. Nur dann sind wir bereit
unserem Herzen zu folgen, unserer inneren Stimme.
Sie führt uns auf den Weg, der uns bestimmt ist
und lässt uns unsere Gaben und Fähigkeiten erkennen.
Wir nehmen uns selbst,
unsere Schöpferkraft dankend wahr.

„Folge deinem Herzen", ist also nicht nur eine Erkenntnis,
sondern regelrecht ein Aufruf an sich selbst.
Wer sein Leben danach richtet, wird sich im Einklang mit
sich selbst und seinen Mitmenschen befinden.

Denn wo dein Schatz ist, da ist auch dein Herz!
Matthäus 6:21

Die Stimme

Sie flüstert und klingt wie Musik in den Ohren,
eine Stimme, die uns einst auserkoren.
Zu hören in Stille der einsamen Zeit,
öffnet sie unsere Herzen und macht uns bereit.
Führt uns auf Reisen durch Zeit und Raum,
durch fremde Gefilde, unser Seelentraum.
Wo Freiheit erlaubt und Frieden gelebt,
um uns herum sich die Liebe bewegt.

Sie fließt und lässt wachsen,
was der Welt längst gedörrt,
wir Menschen nicht gepflegt,
sondern mit Füßen zerstört.

Missachtet die Zeichen von Mutter Natur,
Abholzung der Wälder, der Farbenpracht pur.
Dort, wo die Stille wir konnten, erfahren,
wird nichts mehr stehen in einigen Jahren.

Allein die Häuser, welche gebaut aus Beton,
um zu erblicken die Pflastersteine
von dem prachtvollen Balkon.
Dann werden wir sehnen herbei diese Zeit,
in der wir gerne zur Stille bereit.

Wir werden uns fragen, werden forschen,
wem wir dieser Zeitreise gehorchten.
Entglitten dem Glauben, der göttlichen Macht,
die doch immer über uns Menschen gewacht.

Die unglaublich schnell voranschreitende Technik hat mich dazu veranlasst, diese Zeilen niederzuschreiben.

Digitale Welt

Längst vergangen diese Zeiten
da Emotionen noch bestand,
zeigt die Menschheit andere Seiten,
jene beruhen auf dem Verstand.

Erkennen nur, was mit den Augen zu sehen,
verbleiben einzig im Außen bestehen.
Richten den Blick auf die digitale Welt,
welche scheinbar das Glück bereit für sie hält.

Kreativität, welche der Mensch mitgebracht,
deren Ursprungs schöpferische Macht,
des Herzens Quelle jedoch entspringt,
dort die Seele alles zum Vorschein bringt.

Kleine Seelen

Sieh die vielen kleinen, freudigen Seelen, die ihr Licht leuchten lassen, es verbreiten und dir anvertraut werden.

Sind es nicht jene Geschöpfe Gottes, die dir die Welt aus einer anderen Perspektive zeigen?

Ist es nicht ihr LACHEN, das dich aus der Traurigkeit zurück in die Liebe führt?

Ist es nicht ihre NEUGIER, die auch dich aus dem grauen Alltag befreit?

Ist es nicht ihre KREATIVITÄT, die ihrer Freiheit Ausdruck verleiht, um auch dir zu zeigen, wie du Freiheit erlangen kannst?

Ist es nicht ihre SPONTANITÄT, jede Situation anzunehmen und daraus das Beste zu machen?

Kannst du das? Kannst du das Leben mit all seinen Facetten begrüßen und dich daran erfreuen? Kannst du dich selbst an den schwierigsten Ereignissen und schlimmsten Erfahrungen bereichern? Und bist du bereit, damit Frieden zu schließen? Bist du bereit, dich wie ein Kind den Wogen der Wellen hinzugeben und dich treiben zu lassen?

Wohin du auch gelangst, was auch immer dir widerfährt, du wirst niemals tiefer fallen als in Gottes Hand.

Der Rucksack

Für den ein oder anderen erst einmal ein ungewöhnlicher Titel, doch werden sich die meisten von Euch angesprochen fühlen, sobald Ihr die folgenden Zeilen lest.

Ist es nicht so, dass ein jeder von uns seinen ganz eigenen Rucksack zu tragen hat, mit seinem für ihn gedachten Inhalt? Manchmal erscheint er schwer und mühsam zu ertragen, doch was möchte uns der Inhalt denn eigentlich vermitteln? Beim genaueren Durchsuchen und Erforschen werden wir feststellen, dass unsere Lebensaufgaben darin enthalten sind. Wer etwas tiefer in die Thematik über den „Sinn des Lebens" eintaucht, der ist sich dessen bewusst, dass er sich diesen Aufgaben widmen muss. Leben heißt schließlich „LEBENDIG SEIN", sich seinen Herausforderungen stellen und den für uns gedachten Rucksack aufzuräumen, um Platz für neue Dinge zu schaffen, welche auf uns zukommen. Der Zeitfaktor ist dabei nicht relevant, es geht lediglich um Erkenntnis und die darauf basierende Reflexion. Was lernen wir schließlich daraus und welche Wege schlagen wir aufgrund dessen ein? Es liegt an uns, unser Potential zu entfalten und unser Herz als Wegweiser zu nutzen. Denn dort wird gefühlt und betrachtet, was mit bloßem Auge niemals erkennbar ist.

An alle Menschen, die ihren Rucksack öffnen und mit dem Herzen hineinsehen möchten.

Goldenes Nest

Ich baue dir ein goldenes Nest
und darin sollst du wohnen.
Ich baue dir ein goldenes Nest,
mit Liebe soll es dich belohnen.
Ich baue dir ein goldenes Nest,
mit Federn sacht und weich.
Zum Schutze und zum Rückzug
soll dienen dir das goldene Reich.
Ich baue dir ein goldenes Nest,
ein Ausdruck der Glückseligkeit.
Ich baue dir ein goldenes Nest
in tiefster Dankbarkeit.
Eingebettet dem höchsten Wohl
soll es dir dienen, dich bewahren,
denn all das, was kommen wird,
soll Freude und Frieden bringen
in den nächsten Jahren.

Dieser Text führt auf eine Mantrastunde zurück, die sehr inspirierend für mich war. Ein Ereignis, das besondere Schwingungen hervorbrachte, mein Herz öffnete und mich in Frieden hüllte.

Mantrasinger, Friedensbringer!

Sie versetzen uns in Trance,
führen unser Selbst in Balance.
Mitten ins Herz gehen sie hinein,
fühlen uns verbunden, nicht allein.
Sie spenden Licht, Liebe und Heil,
eine wahre Wohltat darin zu verweiln.
Beschwingt, lebendig, gar federleicht,
das Gefühl des Friedens uns erreicht.

Mantras sind wahre Herzensöffner!
   Eine enorme Energie fließt durch uns hindurch,
    wenn wir bereit sind, uns ihrem heilenden Klang hinzugeben.
   Sie führen aus dem Alltag und nehmen uns mit auf eine meditative Reise jenseits unserer Vorstellungskraft.
   Frei von Zeit und Raum, losgelöst der Materie erscheint es wie ein Traum, in welchem wir nur allzu gern verweilen möchten. Wir finden wieder zu unserem „wahren Selbst", unserer göttlichen Kraft, welche ausschlaggebend für unser Fühlen und Handeln ist. Mit solch einem Gefühl tiefsten Friedens, Licht und Liebe sind
   wir nun bereit, durch unser Leben zu schreiten.

An alle Friedensbringer oder jene, die es noch werden wollen ...

Die Reise

Ich nehme dich mit auf eine Reise,
jene dich ganz tief berührt
und du auf wundersame Weise
des Herzens große Liebe spürst.
Sie führt in höchste Sphären, darin Engel wohnen,
welche dich innig mit Frieden nur belohnen.
Beschenken dich mit ihrem Glanz,
der rein und strahlend ist,
und du im Freudentanz deine Seele darin wiegst.
Ganz sanft wirst du getragen, gar liebevoll umhüllt,
dein intensives Verlangen, mit wohliger Wärme gestillt.
Du fühlst dein Selbst, bist frei und leicht,
das Gefühl der Unbehaglichkeit nun von dir weicht.
Es ist die Leichtigkeit des Seins, jene dich umfängt,
und dir auf dieser Reise Glückseligkeit nur schenkt.
So nimm sie mit, gib sie gern weiter,
es ist ein kleines Stück Glück
auf deiner Lebensleiter.

Geliebtes Kind

Geliebtes Kind,
solch große Sehnsucht in dir wohnt,
welche mit meinem Licht nun wird belohnt.
Helles, strahlend, weißes Licht,
dass alles Finstere um dich erlischt.

Ganz nah bei dir zu jeder Zeit,
auch wenn es scheint, unendlich weit,
lass ich walten meine Liebe zu dir,
und führe dich immer wieder zurück zu mir.

Bist Teil von mir der göttlichen Kraft,
welche in Frieden und Liebe alles schafft.
Einzigartig und wertvoll bist du,
ein jeder Engel gesellt sich gern dazu.

Ein jeder, der das Band der Ehe kennt,
wird diese Zeilen zweifelsohne verstehen.

Das Band der Ehe

Ein Geflecht aus Sicherheit und Vertrauen,
um gemeinsam in die Zukunft zu schauen.
Der Weg nicht immer flach noch eben,
kanns nicht nur rosige Zeiten geben.

Aber wenn gefestigt einst das Band
geht man auch weiter Hand in Hand.
Die Liebe doch im Vordergrund steht,
alle Differenzen dann verweht.

Das Symbol des Ringes an der Hand
zeigt deutlich das beständige Band.
Unendlichkeit in rundem Glanz,
der Seelenebene gemeinsame Tanz.

LIEBE ist vielmehr

LIEBE ist nicht nur ein WORT,
sie führet alle SORGEN fort,
lässt ÄNGSTE schwinden, HARM vergehen,
FREUDE und LEICHTIGKEIT kann entstehen.

LIEBE vollbringt wahre WUNDER,
heilt KRANKHEIT, LEID der SEELE,
sodass des Lebens GLÜCK
an nichts mehr jemals FEHLE.

LIEBE TEILT und GIBT,
was MENSCHEN dringend FEHLT,
jene in TRAUER und EINSAMKEIT leben,
welche sie tief und schmerzhaft QUÄLT.

LIEBE ist der HIMMEL auf ERDEN,
ein ORT zum GLÜCKLICH werden,
an jenem ALLE sind VEREINT
und die SONNE immerzu SCHEINT.

LIEBE ist vielmehr als ein GEFÜHL,
sie ist GOTTVERTRAUEN,
welche nur darauf WARTET,
stets darauf zu BAUEN.

LIEBE ist GLÜCKSELIGKEIT
für alle MENSCHEN dieser WELT,
die den GLAUBEN und den FRIEDEN
von HERZEN gern GEWÄHLT.

Warum halten wir daran fest?

Ein jeder von uns hat seinen Weg gewählt. Manch einer erscheint leichter, ein anderer hingegen schwer. Manch einer ist beladen mit schwerer Last und hat die Taschen mit Steinen bepackt. Er fühlt die Schwere auf seinen Schultern, die Angst im Nacken, die alles anspannen lässt. Eine Verhärtung, die erneut Steine hervorholt. Betrachtet man diese genauer, so stellt man fest, dass sie uns Ängste und Leid widerspiegeln. Sie werden bleiben, gehen nicht, solange wir nicht hinschauen. Wir neigen dazu, uns vor unseren Ängsten zu schützen, indem wir verdrängen oder sie nicht annehmen. Wir verhärten noch mehr, unser Widerstand wird noch größer und der Schmerz bald unerträglich. Wir verschließen unser Herz, sperren uns ein in der Hoffnung, allem zu entfliehen, was uns erneut Schmerzen bereiten könnte.

Warum halten wir daran fest? Was hindert uns daran, diesen Ballast abzuwerfen? Haben wir Angst vor der Erkenntnis, die uns erwartet? Wir wollen frei sein, doch stolpern aufs Neue. Stolpern über unsere alten Gewohnheiten und merken dabei nicht, wie sehr sich diese manifestieren. Jeden Tag, auf eine unbewusste Art. Dabei müssen wir hinsehen, um zu verstehen, uns öffnen, um zu erfahren und lauschen, um bereit zu sein. Vor allem aber müssen wir fühlen, und zwar dort, wo der Sitz unseres wahren Selbst ist, in unserem Herzen. Das kann nur ein jeder für sich selbst tun. Es bedarf Mut, Vertrauen, innere Stärke und die Hingabe. Wer diese Eigenschaften mitbringt, ist auf dem besten Wege, sich zu befreien. Allen Ballast, die schweren Steine und die damit verbundenen Verhärtungen abzuwerfen und aufzulösen. Mit jedem weggeworfenen Stein wird die Tasche immer leichter und jeder Atemzug ein Genuss. Das Leben zeigt sich von einer anderen Seite. Die Schönheit entfaltet sich und das Licht macht sich bemerkbar. Wir beginnen zu strahlen und geben das Licht weiter. Wir verbreiten die Leichtigkeit und die Liebe, die unser Herz erfüllt. Nichts erscheint mehr schwer. Nichts geschieht mit Widerstand, alles kann gefühlt, gelebt und geliebt werden. Denn die Erkenntnis ist gegeben und der Schmerz losgelöst. Alles basiert darauf und wir können uns aus unserem Kokon befreien und uns als Schmetterling erfahren. Wir riechen und schmecken die Freiheit. Das Leben erscheint wie ein Tanz. Schwerelos und beschwingt, getragen von den Klängen der Harmonie und der Liebe.

Bist du bereit?

Bist DU bereit,
dich zu LIEBEN und zu AKZEPTIEREN,
so wie du bist, mit all deinen STÄRKEN und SCHWÄCHEN?

Bist DU bereit,
dich zu BETRACHTEN, in deiner PERSÖNLICHKEIT
als Mensch,
in deinem wunderbaren KÖRPER?

Bist DU bereit,
dich deinen GEFÜHLEN hinzugeben, dein HERZ zu öffnen,
dich wahrhaftig zu ENTFALTEN, mit all deinen SINNEN?

Bist DU bereit,
zu EMPFANGEN, aber auch zu GEBEN?

Bist DU bereit,
deine WAHRNEHMUNG zu verändern,
deinen HORIZONT zu ERWEITERN?

Bist DU bereit,
die SCHÖNHEIT von Mutter Erde zu VERNEHMEN,
sie regelrecht EINZUATMEN?

Bist DU bereit,
dich als Wesen des Lichts zu ERKENNEN
und strahlend durch die Welt zu gehen?

Wenn DU dazu bereit bist, erkennst du deine WAHRE
Persönlichkeit, als ein Teil des GROSSEN und GANZEN.
Du bist im EINKLANG mit DIR und ALLEM, was ist.
DU BIST GANZ EINFACH.

Neue Zeit

Neues möge nun beginnen,
uns zu entfalten, mit all unseren Sinnen,
dazu sind wir nun bereit,
denn jetzt ist sie da, die neue Zeit.
Sie lässt uns wachsen, reifen,
wir lernen zu begreifen,
welch Stärke in uns steckt,
unseren Geist erneut erweckt.
Wir schreiten hindurch
durch diese Welt,
ganz ohne Furcht,
welche uns doch nur quält.
Lassen alle Ängste fliehen,
jene uns unsere Liebe entziehen,
geben uns dem Guten hin,
wagen einen Neubeginn.
In Zuversicht und tiefstem Glauben
lassen wir uns unserer Freiheit niemals berauben.
Gehen in Frieden dem Leben entgegen,
wollen uns in Freude begegnen.
Tauchen ein in tiefste Liebe,
lassen wachsen viele Triebe,
welche sich weit verbreiten,
in allen unseren Lebenszeiten.

Der Traum

Einst im Traum ich mich befand,
unter all den Menschen, die Gott gesandt.
Es waren viele aus allen Ländern,
ich würde sie niemals wollen ändern.
Ein buntes Farbenspiel, das mir gefiel,
so hatte gar jeder einen anderen Stil.
Sie waren freundlich in ihrer Art und Weise,
manchmal laut und auch mal leise.
Ein Lächeln stets in ihrem Gesicht,
an Vertrauen und Liebe fehlte es nicht.
Zu sehen diese wundervollen Leute,
ihren Anblick ich niemals scheute.
Fröhlich, lustig, fast ausgelassen möchte ich sagen,
und niemals würde es jemand wagen,
sich ihrer Freiheit zu beklagen.
Eine wahre Wonne, es zu erleben,
hätte es doch nicht im Traum nur gegeben.
Die Realität jedoch häufig anders erscheint,
doch hat die Reise es gut mit mir gemeint.

Das Goldene Zeitalter

Staunt und fühlt, wie die Erde nun bebt,
sich ihrer Schwingungen erhebt.
Sich der Altlasten befreit,
denn jetzt ist es endlich so weit.

Das Goldene Zeitalter öffnet ihr Tor,
wir Menschen treten dem Licht hervor.
Dem Strahlen, das so hell und rein,
endlich das Gefühl, daheim zu sein.

Die Welt, ein Zauber, von Frieden bestückt,
eine jegliche Last in den Hintergrund rückt.
Das Feld der Liebe, barmherzig und weich,
beglückt unsere Herzen, macht sie reich.

Liebe, Liebe, wir haben dich wieder,
ertönt es in den schönsten Liedern,
Klänge, die der höchsten Quelle entspringen,
die einzig der Engelsstimmen erklingen.

Das innere Kind

Als Kinder sind wir Träumer gewesen,
freudvolle, lebendige Menschenwesen.
Wir sahen die Welt ganz ohne Sorgen,
lebten unbekümmert, entgegen dem neuen Morgen.

Unser inneres Kind fühlte sich geborgen.

Die Kinderzeit dann einst vorbei,
hegten wir andere Gedanken herbei.
Die Welt so groß und doch bedingt,
alles schien nun weniger beschwingt.
Gefangen nahm uns der Verstand,
ging nicht mehr mit dem Herze Hand in Hand.

Unser inneres Kind vielleicht schon schwand?

Das Leben nahm sodann seinen Lauf,
als Erwachsener nahmen wir vieles in Kauf.
Ließen uns vereinnahmen, der schnelllebigen Welt,
die materiellen Wohlstand uns bestellt.

Unser inneres Kind fand keinen Raum,
verloren galt der freudige Traum.

Die Suche begann, um Leichtigkeit zu erlangen,
sich zu fühlen frei und unbefangen.
Eine Aufgabe, die ein jedem von uns gedacht,
zu erfahren die Quelle der göttlichen Macht.

Unser inneres Kind, wieder zum Vorschein kam,
ungeniert, ohne jegliche Scham.
An all jene, die sich nun besinnen,
die Freude und Liebe des inneren Kindes zu gewinnen.

Transzendente Welt

Zwischen den Zeiten wir uns befinden,
wir uns mit dem Göttlichen verbinden.
Ganz unbewusst der dunklen Nacht
wird uns im Traum vieles deutlich gemacht.

Eine Spanne der transzendenten Welt,
darin eine jegliche Maske,
ein jeglicher Schleier fällt.
Es öffnen sich Türen und Tore ganz weit,
es stellt sich bereit, die Wirklichkeit.

Im Fokus kein wiederkehrender Alltag steht,
worum sich alles um dichte Materie dreht.
Ein Stadium, das uns gegeben,
um die geistige Welt zu erleben.

Zwischen den Zeiten, weder hier noch dort,
lediglich Momente an einem anderen Ort.
Doch die Realität eine andere ist,
du dir deines Traumes bewusst dann bist.

Nichts ist für immer, alles vergeht,
im Wandel der Zeit, nichts stille steht.

Bilder, Ereignisse, Emotionen, all das sind Momente, die uns Menschen hier auf Erden widerfahren. Geschichten der Vergangenheit, die uns rückblickend als wunderschöne Erinnerungen dienen. Doch auch ein Blick in die Zukunft würde so manch einer erhaschen, um zu erahnen, was uns bevorsteht. Was aber immer bleibt, ist der gegenwärtige Augenblick, dass „Hier und Jetzt", dass jeder von uns auf seine ganz eigene Art und Weise leben sollte. Leben bedeutet schließlich etwas „erleben", daher gehend erscheint es nur sinnvoll, dass wir Menschen uns dem Wandel unterziehen. Denn wer sich sein gesamtes Leben in Sicherheit zu wiegen scheint, indem er sein Schneckenhaus nicht verlässt, der ist sich seiner wahrhaftigen Existenz nicht bewusst. Bewusstsein bedeutet, seine Fühler auszustrecken, sich zu entfalten und mit all seinen Facetten das Leben zu erkunden und somit jeden Moment zu genießen. Ein Leben, das auf Herz-Ebene beruht, nicht nur ausschließlich auf dem Verstand, der uns doch wieder nur zum Grübeln anregt und das „Hier und Jetzt" in den Hintergrund rückt.

An alle MUTIGEN, die es wagen wollen, aus ihrem Schneckenhaus zu kriechen, um ihrem HERZEN zu folgen, denn dort ist der SITZ unserer WAHRHAFTIGKEIT.

Im Traum versunken

Im Traum versunken, fernab der Realität,
der Welt entflohen, einzig die Illusion noch steht.
Weder Halt, noch ein fester Boden,
alles der Verwurzelung entzogen,
bestückt der Flügel schwebend,
des Himmels weit nach oben.

Im Jenseits prächtig schillernd,
Farben warm und weich,
einem Regenbogen gleichend,
geschmückt das Himmelreich.

Der höchsten, gar größten Mächte verbunden,
frei, nicht mehr unterdrückt,
so fühlt in diesen Sekunden
der Mensch sich der Liebe beglückt.

Im Herzen verwachsen diese Emotion,
zurück der Erde, der Mensch in Frieden dann wohn.

Gemeinsame Zeit

Was ich dir schenke, ist nicht viel,
ein bisschen Zeit in Gemütlichkeit, das ist mein Ziel.
Gespräche über Gott und die Welt,
wurden wir doch unseres Weges bestellt.
Doch was wäre eine Begegnung ohne Freude und Lachen
ganz ohne jeglichen Blödsinn zu machen?
Nein, das gehört definitiv dazu,
denn wir sitzen wahrlich im selben Kanu.

Zeit, die uns bereichert,
in höhere Schwingungen versetzt,
in der wir einander vertrauen
und einer den anderen schätzt.

Zeit, das kostbarste Gut hier auf Erden,
jene uns dazu verhilft, glücklich zu werden.

Gesucht und gefunden oder geplant und eingehalten?
Ganz gleich wie es ist,
auf Mutter Erde nur eine Frist,
die wir erhalten, um darüber zu verwalten.

Und ist die Zeit der gemeinsamen
Stunden dann verronnen,
so weiß ich eines – mein Herz hat an Liebe gewonnen.

*Dieses Gedicht ist allen Frauen gewidmet,
die ihrer weiblichen Intuition folgen und stets an ihre
wahre Größe und innere Stärke glauben sollten.*

Starke Frau

In edlem Gewand der weiblichen Hülle
trägst du des Herzens reichliche Fülle.
Sensibel, humorvoll, treu und elegant,
so wirst du deines Seins benannt.
Die Stärke, welche du trägst in dir,
einer Löwin gleicht, dem anmutigen Tier.
Majestätisch, stolz, ziehst du von dannen,
fühlst dich frei und unbefangen.
Lebst dein Leben, wie es dir gefällt,
in Liebe und Frieden, der wunderschönen Welt.
Nichts kann dich fürchten, geschweige denn jagen,
alles kannst du hier auf Erden wagen.
Im Vertrauen auf deine Gaben,
die Menschen dich gerne um sich haben.
Du ziehst sie an, wie die Motten das Licht,
deine Ausstrahlung jegliche Grenzen durchbricht.
Fühlst du das Feuer, welches in dir steckt
dich täglich aufs Neue zum Leben erweckt?
Erinnerst du dich wieder, wer du bist?
„Eine intelligente Frau mit weiblicher List!"
Unwiderstehlich und charmant,
ein liebender Mensch,
in weiblichem Gewand.

ENGEL in menschlicher Gestalt

Als hochsensible Menschen,
dafür sind sie bekannt,
ENGEL mit gebrochenem Flügel
werden sie auch genannt.

Mit leistungsstarkem Nervensystem geboren,
dass oftmals durch die Vielfalt
der Sinneseindrücke geht verloren.
Von Reizen überflutet das Gehirn,
die EMPATHEN der Stille gern bieten die Stirn.

Dort kommen sie zur Rast,
dem Lärm der drängenden Massen,
können sich mit sich SELBST befassen.
Sich befreien und entfliehen,
von jenen, die ihnen Energie entziehen.

Einfühlsam und voller Emotionen,
die dieser Menschen INNEWOHNEN,
versuchen sie, jeglichen Differenzen zu entweichen,
denn sie erkennen selbst die kleinsten Zeichen.

Bereichert durch ZUNEIGUNG und LIEBE,
sie sich dann in Frieden wiege.
Wärme ihre Herzen brauchen,
um in des Lebens Schönheit einzutauchen.

Sie sind HELFER in menschlicher Gestalt,
widerstreben Hass und jeglicher Gewalt.
Sie suchen das, was dieser Welt so schwer,
ein machtvolles, HIMMLISCHES Heer.

Das Erwachen

Wie ein Märchen aus Tausendundeiner Nacht
ist es, wenn du aus dem Tiefschlaf erwachst.
Dein Bewusstsein sich öffnet und weitet,
dir wahrhaftig ein neues Leben bereitet.

Visionen, Hoffnungen und Träume beschert,
dir deiner Existenz gar nichts mehr verwehrt.
Eine unerschöpflich reichhaltige Quelle,
die sich jederzeit bereit für dich stelle.

Doch musst du öffnen dein Herz ganz weit,
erst dann bist du zu dieser Reise bereit.
Du erfährst die Verbindung zu allem, was ist,
dabei dich selbst auch nicht vergisst.

Du fühlst den Klang der weiten Welt,
die ihre Liebe bereit für dich hält.
Eine Macht und Kraft, so unsagbar groß,
gebettet, getragen dem göttlichen Schoß.

Das Gebet

Was du brauchst im Leben ist nicht viel,
ein Gebet nach „oben" gerichtet,
das sei dein eigentliches Ziel.
Dort erlangst du Auskunft
auf all deine Fragen,
machst dich frei von Vernunft,
lässt dich deines Herzens tragen.
Dort fühlst du, bist vertraut, vereint,
der göttlichen Macht, die dir erscheint.
Kannst niederlegen, was dich bedrückt,
die Traurigkeit in den Hintergrund rückt.
Alles grau erscheint dann golden,
musst du lediglich der Liebe folgen.
Gestillt der Sehnsucht, des Friedens bist du,
kommst vor Gottes Angesicht zu Ruh.

Das Kind in mir

Tanzen will ich barfuß im Regen,
mit leichtem Herz, beschwingt und frei,
will mich erfreuen des Himmels Segen,
denn alles scheint nun einerlei.

Hinfort sind die Gedanken,
Stille herrscht dem Sturm der Zeit,
mein Kind, es weist mich in die Schranken,
macht den Weg zur Heilung bereit.

Schleier fallen, Nebel schwinden,
strahlend hell ist mein Gewand,
Freude will sich an mich binden,
worauf mein Kind immer bestand.

Tropfen unaufhörlich sinken,
dem weiten, großen Himmelszelt,
mein Herz in Liebe kann ertrinken,
Glückseligkeit nun auf mich fällt.

Verbunden Körper, Seele und Geist,
nichts hält mich mehr getrennt,
allein die Träne darauf verweist,
auf diesen wunderschönen Moment.

Töchter Gottes

Aus Fleisch und Blut sind wir gemacht,
gar so wie Gott es für uns gedacht.
In weiblichem Körper der großen Welt,
als spirituelle Wesen hierher bestellt.

Mit starkem Willen und Empathie,
schreiten wir voran, so wie noch nie.
Sind uns bewusst unserer femininen Macht,
denn wir handeln aus Intuition,
die uns Frauen ausmacht.

Lassen uns führen vom göttlichen Licht,
sehen vieles aus einer anderen Sicht.
Blicken über den Tellerrand hinaus,
erfahren das Leben und lernen daraus.

Als Töchter Gottes uns zu erleben,
was kann es Schöneres auf Erden geben?
Drum seid gewillt, macht euch bereit,
denn endlich ist es nun so weit.

Eine Welt voll Frieden und Liebe zu erlangen,
ganz ohne Furcht und jegliches Bangen.
Alles erstrahlt in hellstem Schein,
die Freude groß, nichts scheint mehr klein.

Die Welt

Sieh, wie die Welt sich windet und dreht,
erkenne, wie alles in Windeseile vergeht.
Lass keinen Tag verstreichen
ohne ein freundliches Wort,
denn eh du dich versiehst,
ist mancher Mensch schon fort.
Verweile in Liebe und teile dein Licht,
dass jeglichen Streit und Mauern durchbricht.
Richte dein Augenmerk
auf deine innere Haltung,
so lebst du in Frieden,
empfindest keine Spaltung.
Halte stets an deinem Glauben fest,
fühl dich geborgen wie ein Vogel im Nest.
Empfange die Freude des Lebens auf Erden,
bereichere dein Umfeld, glücklich zu werden.
Sei wie ein Kind, frei und beschwingt,
dass barfuß im Regen
durch die Pfützen springt.
Lebe wohl und lebe weise,
auf dieser einzigartigen Lebensreise.

Geistige Welt

Folge dem Rat der geistigen Welt,
die nur das Beste bereit für dich hält.
Botschaften, die dir gegeben,
um zu erkennen, die Aufgaben in deinem Leben.

Stille heißt das Zauberwort,
jene dich führt an den magischen Ort.
Dort deine Verbindung entsteht,
die Welt sich nicht mehr im Außen dreht.

Alles in dir, die Quelle erscheint,
dein Herz vor Liebe und Freude weint.
Du wiegst dich im Zauber,
der göttlichen Macht,
und spürst, dass nur das Beste
für dich gedacht.

Engel lassen dich eindeutig erkennen,
dass du dein selbst
beim Namen musst nennen.
Denn du bist Teil
der schöpferischen Kraft,
die in festem Glauben alles schafft.

Vom Winde verweht

Vom Winde verweht sind die Gedanken,
der Sturm hört auf zu wüten,
ein stilles Leben, ganz ohne zu wanken,
ohne etwas auszubrüten.
Hinfort die alten Muster, die Struktur,
es zählt das jetzige Leben nur.
Freiheit, Freiheit ruft es lang ersehnt,
hast du dich einst dafür geschämt.
Doch nun tritt sie hervor aus ihrem Versteck,
fühlt sich frei und auch ganz keck.
Endlich nun hast du begriffen,
wovor du so lange hast, gekniffen.
Atme die Unabhängigkeit,
deinen eigenen Willen,
denn von nun an
kannst du deine Sehnsucht stillen.
Folge dem Rausch, der in dir entfacht,
hat er bisher doch nur Gutes gebracht.
Kein Klagen, kein Drama, kein Verdruss,
alles kehrt zurück im Überfluss.
Denn all das, was nun aus dir entspringt,
stammt aus der göttlichen Quelle,
die dich beschwingt.

Reinigung

So wie Sturm und Regen sich verbünden,
eine reinigende Zeit ankünden,
so tobt und wühlt im Menschen tief,
die Sehnsucht, die ihn lang schon rief.

Ein Verlangen nach innen zu gehen,
um den wütenden Orkan zu verstehen.
Aufmerksamkeit und Verzicht
bringt vieles dann ans Tageslicht.

Ist die Reinigung dann vollbracht,
erfährt der Mensch, was ihm gedacht.
Er spürt und erkennt wieder seine Macht,
ist sich dessen bewusst, wer über ihm wacht.

*Ein DANKESCHÖN an alle MENSCHEN,
die mir VERTRAUT sind.
Kein WORT kann ausdrücken, was mein HERZ an
DANKBARKEIT zu FÜHLEN vermag.*

DANKBARKEIT

Wahrhaftig ist die Dankbarkeit,
wenn dem Herzen sie entspringt.
Sie ist Teil der Liebe,
die vor Freude tanzt und singt.

Dankbarkeit scheint in Worte manchmal schier unmöglich auszudrücken, doch findet sie in Emotionen ihren Raum.
Unser Auftreten spiegelt unser Innenleben wider und zeigt unserem Gegenüber deutlich unsere Wertschätzung auf. Diese macht sich oftmals durch ein Lächeln oder auch Freudentränen bemerkbar, eine Geste, die vieles besagt und weitaus tiefer geht, als jegliche Worte es jemals tun können.
Eine Form der Äußerung, welche nur unser Herz allein kennt, denn dort ist der Sitz unserer Wahrhaftigkeit.

Dankbarkeit und Liebe also gehen Hand in Hand,
denn ihr Ursprung ist die Saat unseres Innersten.
Sie sind die größten aller Tugenden.

Mögen nun alle Seelen,
die dieses Buch gelesen,
ihr Leben in Frieden und Freude leben
und diese an andere weitergeben.

***

Nichts erscheint größer als das Herz eines Menschen,
dass gefüllt ist mit göttlicher Liebe.

***

Der Mensch sieht mit bloßem Auge,
die Sprache der Liebe jedoch entspringt aus dem Herzen.

***

Von Herzen, ein Dankeschön.

Bewerten
Sie dieses **Buch**
auf unserer
Homepage!

www.novumverlag.com

Die Autorin

Erika Katharina Hermann wurde im Jahr 1979 in Burgberg, einem Dorf in der Region Siebenbürgen in Rumänien, geboren. Nach ihrem Schulabschluss ließ sie sich zur Kinderpflegerin ausbilden, einem Beruf, dem sie bis heute mit Hingabe nachgeht. Da sie seit jeher leidenschaftlich gern liest und schreibt, hat sie 2022 ein einjähriges Fernstudium im Fach „Literarisches Schreiben" absolviert und bereits ein eigenes Gedicht in einem Sammelband veröffentlicht. Mit ihrem Gedicht- und Gebetsband „Im Glanz des Lichtes" gibt sie nun ihr offizielles Debüt als Autorin. Erika Katharina Hermann wohnt mit ihrem Mann und ihren beiden Töchtern in Ingolstadt. Wenn sie nicht gerade in ihre Schreibprojekte vertieft ist, genießt sie die Zeit in der Natur.

novum VERLAG FÜR NEUAUTOREN

Der Verlag

Wer aufhört besser zu werden, hat aufgehört gut zu sein!

Basierend auf diesem Motto ist es dem novum Verlag ein Anliegen, neue Manuskripte aufzuspüren, zu veröffentlichen und deren Autoren langfristig zu fördern. Mittlerweile gilt der 1997 gegründete und mehrfach prämierte Verlag als Spezialist für Neuautoren in Deutschland, Österreich und der Schweiz.

Für jedes neue Manuskript wird innerhalb weniger Wochen eine kostenfreie, unverbindliche Lektorats-Prüfung erstellt.

Weitere Informationen zum Verlag und seinen Büchern finden Sie im Internet unter:

w w w . n o v u m v e r l a g . c o m